FILLIPE AMORIM FIRMO DA SILVA

RELEVOS GARANTISTAS NO ÂMBITO SOCIOEDUCATIVO: SISTEMA DE GARANTIAS PROCESSUAIS PARA ALÉM DO ECA.

Dados Internacionais de Catalogação na Publicação (CIP)(Câmara Brasileira do Livro, SP, Brasil)

Silva, Fillipe Amorim Firmo da
  Relevos garantistas no âmbito socioeducativo : sistema de garantias processuais para além do ECA / Fillipe Amorim Firmo da Silva. -- 1. ed. -- João Pessoa, PB : Ed. do Autor, 2024.

  Bibliografia.
  ISBN 978-65-00-96503-2

  1. Adolescentes em conflito com a lei
  2. Crianças e adolescentes - Direitos – Brasil
  3. Estatuto da Criança e do Adolescente (ECA)
  4. Medida socioeducativa - Leis e legislação – Brasil
  5. Sistema Nacional de Medidas Socioeducativas (SINASE)
I. Título.

24-197191   CDU-347.157.1(094)

Índices para catálogo sistemático:

  1. Estatuto da Criança e do Adolescente : Direito 347.157.1(094)

Aline Graziele Benitez - Bibliotecária - CRB-1/3129

Dedico este singelo trabalho aos acadêmicos e operadores do direito da infância e juventude, especificamente àqueles com atuação na seara socioeducativa, com o intuito de estimulá-los ao fomento da melhor aplicação do direito, à luz da proteção das garantias fundamentais no âmbito infantojuvenil.

AGRADECIMENTOS

Sempre e em primeiro lugar agradeço ao meu Deus por ter me dado a dádiva de viver e poder compartilhar com meus semelhantes o conhecimento adquirido durante a fração de tempo de minha existência humana.

Aos meus familiares, em especial, meus avós, Antônio Firmo da Silva, Francisca de Assis da Silva, Moacir Paiva Amorim (*in memoriam*) e Maria José Araújo (*in memoriam*), aos meus pais, Erilson Firmo da Silva e Sueli Amorim, ao meu irmão Artur Amorim Firmo da Silva, a todos esses, por serem a mola propulsora de meus esforços no caminho a atingir nossos grandiosos sonhos humanos.

E, em especial, a minha esposa, Rayssa Kelly Duarte de Paiva Firmo, aquela que me auxilia diuturnamente a entender a essência de nossa humanidade, auxiliando-me a extrair de mim a mais adequada percepção do cumprimento de Justiça.

RESUMO

Os direitos individuais de adolescentes em conflito com a Lei, no âmbito dos procedimentos de apuração de ato infracional, vêm sendo substancialmente violados por juízes e Tribunais, em razão da aplicação exclusiva das regras processuais previstas em um Estatuto que se pretende protetivo. Diferentemente do avanço civilizatório de viés garantista realizado recentemente nos institutos de regência das ações penais (Código de Processo Penal), o Estatuto da Criança e do Adolescente (ECA – Lei n.º 8.069/90) não teve atualizado o rito procedimental e os institutos que lhes são ínsitos, com a finalidade de se conferir, em seu texto, ao adolescente a quem se imputa a prática de ato infracional, no mínimo, as mesmas garantias processuais previstas aos maiores. Considerando que aos adolescentes em conflito com a Lei devem-lhe ser conferidas as mesmas garantias processuais como se maiores fossem, independentemente do caderno normativo onde estejam previstas as referidas garantias, este estudo analisa as regras procedimentais e os institutos processuais previstos no Estatuto da Criança e Adolescente que devem ser substituídos ou complementados por aqueles previstos na legislação processual penal ordinária a fim de se resguardar direitos e garantias fundamentais e, em última análise, a proteção à dignidade humana do referido público. Este trabalho visa analisar e identificar os institutos processuais previstos no ECA menos garantistas que os equivalentes previstos nas normas processuais da legislação penal ordinária, adequadas à CF/88, aos Tratados Internacionais sobre Direitos Humanos, os quais o Brasil é signatário, e às demais Legislações Internas, e extrair do ordenamento jurídico vigente fundamentos que possibilitem à superação da dogmática da adoção exclusiva do ECA às ações socioeducativas, afastando-se os critérios da especialidade das normas ou da presunção de absoluta proteção conferida pelo estatuto, como sendo os únicos critérios válidos à regência das referidas ações. O estudo foi realizado por meio de revisão de literatura legislativa e doutrinária e de pesquisa jurídica extraída da jurisprudência obtida dos julgamentos exarados pelos Tribunais e Cortes Superiores em que houve a anulação ou manutenção de decisões proferidas em processos de apuração de atos infracionais por violação ou não a direitos e garantias fundamentais em decorrência da pura e simples aplicação exclusiva das normas previstas no ECA no trâmite do procedimento. Os resultados obtidos por meio deste trabalho demonstram haver violação à dignidade humana dos adolescentes em conflito com a Lei quando submetidos ao processo de responsabilização pelo ilícito e lhes são assegurados apenas os direitos individuais, garantias processuais e ritualística procedimental previstas, exclusivamente, no ECA.

Por outro lado, também demonstram que, para que haja um devido processo legal substancial no âmbito infracional, os processos de responsabilização do adolescente devem observar relevos garantistas, caracterizados pela existência de direitos individuais e garantias processuais mais benéficas, ora previstas na legislação especial, ora previstas na legislação penal ordinária. A presente obra foi elaborada com a pretensão de contribuir como fomento à formação acadêmica e jurídica dos atores da seara socioeducativa, buscando-lhes mostrar a superioridade jurídica dos direitos e garantias fundamentais previstos na Constituição e em outros instrumentos normativos como fundamento suficiente para se afastar do âmbito do processo de apuração de ato infracional a aplicação pura e simples, e quase que exclusiva, de normas processuais menos garantistas previstas no Estatuto da Infância e Juventude, em detrimento daquelas mais garantistas previstas na legislação penal comum.

Palavras-chave: Adolescente Infrator. Direitos e Garantias Fundamentais. Relevos Normativos Garantistas. Devido Processo Legal Substancial. Dignidade Humana.

ABSTRACT

The individual rights of adolescents in conflict with the Law, within the scope of procedures for investigating an infraction, have been substantially violated by judges and Courts, due to the exclusive application of the procedural rules provided for in a Statute that is intended to be protective. Unlike the civilizing advance with a guarantor bias carried out recently in the institutes governing criminal actions (Code of Criminal Procedure), the Child and Adolescent Statute (ECA – Law no. 8,069/90) has not updated the procedural rite and the institutes which are inherent to them, with the purpose of granting, in its text, to the teenager who is accused of committing an infraction, at least, the same procedural guarantees provided for adults. Considering that adolescents in conflict with the Law must be granted the same procedural guarantees as if they were adults, regardless of the normative section where these guarantees are provided, this study analyzes the procedural rules and procedural institutes provided for in the Child Statute and Adolescent that must be replaced or complemented by those provided for in ordinary criminal procedural legislation in order to protect fundamental rights and guarantees and, ultimately, the protection of the human dignity of the aforementioned public. This work aims to analyze and identify the procedural institutes provided for in the ECA that are less guarantors than the equivalents provided for in the procedural norms of ordinary criminal legislation, appropriate to CF/88, the International Treaties on Human Rights, to which Brazil is a signatory, and other Legislations Internal, and extract from the current legal system foundations that make it possible to overcome the dogma of the exclusive adoption of the ECA for socio-educational actions, moving away from the criteria of the specialty of the norms or the presumption of absolute protection conferred by the statute, as being the only criteria valid for the regency of said actions. The study was carried out through a review of legislative and doctrinal literature and legal research extracted from jurisprudence obtained from judgments issued by the Courts and Superior Courts in which there was an annulment or maintenance of decisions given in processes investigating infractions due to violation or not. to fundamental rights and guarantees as a result of the pure and simple exclusive application of the rules set out in the ECA during the procedure. The results obtained through this work demonstrate that there is a violation of the human dignity of adolescents in conflict with the Law when they are subjected to the process of being held responsible for the illicit act and they are guaranteed only the individual rights, procedural guarantees and procedural rituals provided exclusively in the ECA. On the other hand, they also demonstrate that, for there to be substantial due legal process in the context of infractions, the processes of holding adolescents accountable must observe guaranteeist aspects, characterized by the existence of individual rights and more beneficial procedural guarantees, sometimes provided for in special legislation, sometimes provided for in ordinary criminal legislation. This work was prepared with the intention of contributing to the promotion of the academic and legal training of actors in the socio-educational field, seeking to show them the legal superiority of the fundamental rights and guarantees provided for in the Constitution and other normative instruments as a sufficient basis for moving away from the Within the scope of the process of investigating an infraction, the pure and simple, and almost exclusive, application of less guaranteeing procedural rules provided for in the Statute of Children and Youth, to the detriment of those more guaranteeing provided for in common criminal legislation.

Keywords: Adolescent Offender. Fundamental Rights and Guarantees. Guarantor Normative Reliefs. Due Substantial Legal Process. Human dignity.

SUMÁRIO

INTRODUÇÃO

Extrai-se dos documentos internacionais dos quais o Brasil é signatário, em especial das Regras de Beijing, das Diretrizes de Riad e da Convenção dos Direitos da Criança de Nova York (ONU), e da própria legislação interna, concebida especialmente por meio do ECA e do SINASE, a concepção de que o adolescente em conflito com a Lei, tal qual o adulto, é pessoa detentora de direitos e garantias fundamentais, de modo que, no âmbito infracional, não lhe pode ser conferido tratamento mais gravoso do que aquele que lhe seria conferido se maior fosse.

A base jurídica da suscitada concepção advém da interpretação dada aos princípios da proteção integral e da legalidade, previstos nos caput dos arts. 227 da CF e 3º do ECA, e no inc. I, do art. 35 do SINASE e, portanto, por tratarem-se de princípios, devem ser vistos como pedras angulares ao processamento de ações previstas no ECA, especialmente, àquelas voltadas à responsabilização do adolescente pelo cometimento de ilícito análogo à infração penal.

Os referidos princípios ganham especial relevância no âmbito dos procedimentos de apuração de ato infracional a partir das alterações normativas, com vieses mais garantistas, que, ao longo dos anos, foram se incorporando ao processo penal ordinário.

Com base no fundamento constitucional da dignidade da pessoa humana, assegurado pela garantia fundamental do devido processo legal, previstos, respectivamente, nos arts. 1º, III e 5º, LIV da CF, passou-se a ser conferido um caráter mais civilizatório à ritualística penal do maior, conferindo-lhes mais garantias com vistas à proteção de sua liberdade e de outros direitos inerentes à proteção da dignidade humana, em face da atuação persecutória e punitivista do Estado, enquanto que, em sentido diametralmente oposto, a legislação Especial, diga-se, o Estatuto da Criança e do Adolescente, o qual é atribuído o papel de ser mais protetivo a crianças e adolescentes, não passou por igual atualização em seu texto.

A ausência de atualização textual dos instrumentos e ritos processuais previstos no ECA vem acarretando inúmeros reflexos negativos aos direitos de adolescentes inseridos na seara infracional, a medida em que, pelo simples fato de não lhes serem previstas de forma específica e textual, na norma especial, as mesmas garantias processuais atualmente previstas ao maior, o referido público passa a ser excluído de receber parcelas de direitos e garantias constitutivas do arcabouço de proteção universal ao ser humano.

A exemplo da disparidade de tratamento entre menores infratores e maiores submetidos às normas penais ordinárias, pode-se citar a norma prevista no art. 184, §3º do Estatuto que impõe ao adolescente o dever de comparecimento compulsório à audiência de apresentação sob pena de a ausência importar em causa suficiente à decretação da medida cautelar de busca e apreensão em seu desfavor. No âmbito processual penal o comparecimento à audiência é um direito do réu e não um dever, pelo que, a imposição prevista no ECA, constitui notória violação à liberdade do direito de defesa.

Ocorre que, com base em norma geral de garantias e proteção prevista no próprio Estatuto, na CF/88 e em normas internacionais sobre direitos de crianças e adolescentes, internalizadas pelo ordenamento jurídico pátrio, torna-se prescindível a atualização textual da norma especial como condição para que os membros do poder judiciário confiram aos adolescentes em conflito com a lei, no mínimo, as mesmas garantias processuais que seriam conferidas ao referido público, na seara penal, se maiores fossem, conforme pretende-se demonstrar por meio deste trabalho.

Em razão da não atualização da ritualística e dos institutos ínsitos ao procedimento de apuração de ato infracional, previstos no Estatuto da Criança e do Adolescente, Juízos e Tribunais, imersos na concepção dogmática de aplicação exclusiva das normas Estatutárias aos referidos procedimentos, inobservando o que dispõem os princípios da proteção integral e da legalidade, sob o fundamento da especialidade normativa e do caráter protetivo do referido Estatuto, e mesmo com interpretações inadequadas a alguns institutos nele previstos, têm violado a dignidade humana dos adolescentes em conflito com a Lei em diversos aspectos no trâmite dos procedimentos infracionais, por não lhes conferirem direitos e garantias processuais mais benéficas que aquelas previstas no referido Estatuto.

Como exemplo da inobservância aos suscitados princípios por Juízos e Tribunais, em que adotaram, exclusivamente, as normas previstas no ECA aos procedimentos infracionais, pode-se citar aquele que originou o precedente da 2ª Turma do STF (HC 212.693), cujo entendimento veio a ser adotado, em seguida, pela 6ª Turma do STJ (AgRg no HC 772.228), consolidado pela 3ª Seção da referida Corte Superior (HC 769.197), em que a Corte Suprema se viu diante de ter de dizê-los que no âmbito infracional o interrogatório do adolescente deve ser realizado como último ato do processo e não como o primeiro, como se tem realizado na prática forense, com base em interpretação inadequada do caput do art. 186 do ECA.

Ainda como exemplo de inobservância àqueles princípios, dessa vez advinda da exclusiva desatualização do Estatuto, tem-se que a internação provisória é a única espécie de medida cautelar prevista para os casos de cometimento de atos infracionais graves (ECA, art. 174, caput), em uma espécie de tudo ou nada que, via de regra, fomenta a institucionalização dos adolescentes majoritariamente pobres, sem pais com forças para protegê-los e mal assistidos pelas respectivas Defesas (NUCCI, 2018, p. 561[1]).

Ante a inadequação de se aplicar única e exclusivamente a medida cautelar de internação provisória indistintamente para todos os casos de atos infracionais graves, sem considerar, p. ex., aspectos subjetivos, inerentes ao próprio adolescente e ao meio o qual habita com seus familiares, os Juízes da Infância de todo País perceberam a necessidade de se adotar, no âmbito dos procedimentos infracionais, ainda que em caráter supletivo, as medidas cautelares previstas nos incisos do art. 319 do CPP, com as devidas adaptações, passando essas a serem as principais medidas cautelares a serem implementadas nos referidos procedimentos (FONAJUV, Enunciado n.º 30), conferindo à medida cautelar de internação provisória o caráter de subsidiariedade, como assim o é no âmbito penal, especialmente a partir do que prevê o art. 282, §6º do CPP, acrescido ao Código pela Lei 13.964/19 (Pacote Anticrime).

Em face do cenário descrito, têm-se como problemática e OBJETO do presente trabalho a violação à dignidade humana de adolescentes em conflito com a Lei, decorrente da regência dos processos de apuração de ato infracional exclusivamente pelo ECA e seus institutos processuais e rito

---

[1] "O jovem pobre, sem pais com força para protegê-lo (muitas vezes, sem nem ter pais), fica à mercê da remissão imposta pelo promotor, a pretexto de ter havido "acordo"; é o mesmo jovem que será representado sem provas. E o mais assustador, talvez seja esse adolescente a receber, ao final do processo, uma medida socioeducativa, igualmente sem provas. Espera-se que o Judiciário se erga contra representações sem provas pré-constituídas, com base no devido processo legal. Espera-se que a defensoria pública, cada vez mais atuante, não permita o ajuizamento de representações sem prova da materialidade e de indícios suficientes de autoria, propondo habeas corpus para trancar o procedimento instaurado".

procedimental, menos garantistas que os equivalentes, previstos na legislação penal ordinária, bem como que as formas para superação da dogmática à adoção do critério de sobreposição da norma especial em face das normas gerais, mais garantistas, como meio para se assegurar um devido processo legal substancial ao referido público.

O estudo tem por objetivo geral identificar quais institutos processuais, previstos no ECA, são menos garantistas à dignidade humana de adolescentes submetidos a processo de apuração de ato infracional, que aqueles previstos na legislação penal ordinária, e quais as formas de superação à dogmática da aplicação exclusiva do Estatuto aos referidos procedimentos, como forma de assegurar o devido processo legal substancial no âmbito infracional.

No tocante aos objetivos específicos, pretende-se revisar a história evolutiva da concepção jurídica conferida a crianças e adolescentes no âmbito externo e interno; analisar e investigar o surgimento das normas voltadas à proteção do público infantojuvenil no âmbito interno, comparando os avanços garantistas entre as diversas doutrinas balizadoras das normas; identificar quais institutos processuais e ritos previstos no ECA são mais ou menos garantistas que os equivalentes previstos na legislação penal ordinária; identificar as causas à aplicação exclusiva do ECA pelos julgadores, expondo as consequências negativas desse modelo de processamento e julgamento; e, por fim, indicar métodos de superação à dogmática de aplicação exclusiva dos institutos processuais e rito procedimental previstos exclusivamente no ECA como forma de conferir um devido processo legal substancial a adolescentes submetidos a processo de apuração de ato infracional.

CAPÍTULO I – FORMAÇÃO DO SISTEMA PROTETIVO INFANTOJUVENIL

1.1 Tutela Infantojuvenil: Evolução das concepções teóricas com base na ordem internacional e o impacto na socioeducação.

Dos registros sociais mais modernos, observa-se que a sociedade ocidental, por um longo período, não se preocupou em formular legislações com vistas à proteção de crianças e adolescentes, haja vista que considerava esses indivíduos como meros objetos de intervenção e controle social, especialmente das famílias a que pertenciam e sob a autoridade suprema do pai (*pater familia*), sem considerar seus direitos e necessidades específicas, vigendo, neste cenário, situação jurídica à qual se denominou de DOUTRINA DA ABSOLUTA INDIFERENÇA.

Na prevalência da doutrina suprarreferida, crianças e adolescentes em situação de vulnerabilidade social eram tratadas como delinquentes ou infratores em potencial. Elas eram tratadas exclusivamente na seara punitivista, com foco na repressão e controle, sem que suas circunstâncias pessoais fossem levadas em consideração, observados direitos que lhes fossem fundamentais e garantido o seu desenvolvimento integral.

Esse paradigma passou a ser alterado em âmbito internacional, especificamente nos EUA, a partir do caso Mary Ellen, fato este que fez com que o poder público e a sociedade em geral passasse a tratar crianças e adolescentes como sujeitos de direitos, dando-lhes nova concepção jurídico social, em superação às ideias basilares da doutrina da absoluta indiferença.

O caso de Mary Ellen ocorreu em meados do século XIX, em Nova

York, e foi um dos primeiros casos documentados de abuso infantil nos Estados Unidos. Mary Ellen Wilson, uma menina de 10 anos, foi submetida a abusos físicos e negligência por parte de seus pais adotivos.

Ao tomar conhecimento da situação, uma Sociedade Protetora dos Animais decidiu intervir, mesmo que o abuso envolvesse uma criança. Acreditando que a crueldade contra animais e crianças estavam intrinsecamente ligadas, a sociedade utilizou argumentos legais baseados em leis de proteção animal para obter a custódia de Mary Ellen e retirá-la do ambiente abusivo.

Esse caso foi um marco significativo na luta pelos direitos das crianças e contribuiu para o desenvolvimento das leis de proteção infantil nos Estados Unidos. Ele chamou a atenção para a necessidade de reconhecer e proteger os direitos das crianças, já que até aos animais, àquela época, eram conferidos direitos voltados à proteção.

Partindo para a normatização da proteção a direitos e garantias do público infantojuvenil em um plano global, tem-se a pós-primeira guerra mundial como um marco importante a esta seara.

Com o fim da Guerra, os países vencedores, em Convenção, assinaram, em 28 de junho de 1919, o Tratado de Versalhes, documento o qual, além de prever responsabilidades à Alemanha pelos danos causados em virtude do conflito, instituiu a Liga das Nações como uma organização internacional para resolver disputas entre nações e evitar futuros conflitos, e a Organização Internacional do Trabalho (OIT) como uma das agências a integrar aquela instituição global.

No âmbito infantojuvenil o primeiro documento advindo como fruto do Tratado foi a Convenção sobre a Idade Mínima para trabalho na Indústria, elaborada pela Organização Internacional do Trabalho (OIT) em 28 de novembro de 1919 (Convenção n.º 06).

Com o objetivo de proteger os jovens trabalhadores contra os abusos e riscos associados ao trabalho precoce, a Convenção estabeleceu padrões mínimos de idade para o trabalho na indústria, vedando-o aos menores de 14 anos, bem como que também previa a vedação do trabalho noturno, perigoso e insalubre daqueles que trabalhem na indústria e tenham idade entre 14 e 18 anos.

A referida Convenção influenciou a ordem interna significativamente, haja vista que o Brasil, além de promulgá-la, inserindo-a no ordenamento jurídico nacional por meio do Decreto n.º 423/1935, passou a vedar, a partir da Constituição Federal de 1934, o exercício de trabalhos insalubres, perigosos e noturnos por menores de 18 anos e fixou os 14 anos como idade mínima para exercício de quaisquer profissões[2].

O segundo documento advindo como fruto do Tratado foi a "Declaração de Genebra sobre os Direitos da Criança", elaborada diretamente pela Liga das Nações em 1924 e que estabeleceu princípios para a proteção e o cuidado das crianças e adolescentes.

A Declaração enuncia que todas as pessoas devem às crianças meios para seu desenvolvimento; ajuda especial em momentos de necessidade; prioridade no socorro e assistência; liberdade econômica e proteção contra exploração; e uma educação que instile consciência e dever social, surgindo a partir dessa concepção uma visão de se conferir proteção especial a esses indivíduos.

De igual modo à Convenção da OIT de 1919, a concepção surgida a partir da suprarreferida Declaração influenciou a ordem jurídica interna, que passou a adotá-la, conforme se verifica do texto do art. 138 da CF de 34 e, em seguida, dos arts. 127 da CF 37, 164 da CF 46 e 167, §4º da CF 67.

2Salvo a CF de 67 e a EC 01/69, onde a idade mínima adotada para o emprego foi de 12 anos, sendo retomada a observância estipulada pela Convenção Internacional pela CF de 88.

Em 1945, em substituição à Liga das Nações, foi criada a Organização das Nações Unidas, sendo nessa organização dada continuidade às questões envolvendo crianças e adolescentes. O UNICEF (Fundo das Nações Unidas para a Infância), desde sua criação em 1946, como um dos órgãos da ONU, passou a desempenhar desde então um papel fundamental na proteção e no bem-estar das crianças e adolescentes em todo o mundo.

Ainda no âmbito das Nações Unidas o sistema de proteção voltado a toda coletividade humana e, em especial, aos mais vulneráveis, dentre esses, crianças e adolescentes, passou a contar com um importante instrumento normativo, qual seja, a DECLARAÇÃO UNIVERSAL DOS DIREITOS HUMANOS (DUDH) de 1948.

A Declaração Universal dos Direitos Humanos (DUDH) reconhece e protege os direitos das crianças em vários artigos. Embora não tenha sido elaborada para tratar exclusivamente de direitos de crianças e adolescentes, os princípios e direitos universais presentes na DUDH a elas se aplicam, tais como: Direito à Igualdade e dignidade; Proteção contra violência e abuso; Direito à vida, sobrevivência e desenvolvimento; Direito à educação; Direito à família, cuidados e proteção.

Trata-se de uma Declaração não obrigatória, de valor estritamente moral, típico direito de *soft law*, ou seja, que prescinde de internalização formal de suas normas pelos signatários e cujo descumprimento por esses não implica em sanções diretas, por inexistir previsão expressa neste sentido (OLIVEIRA; BERTOLDI, 2012[3]).

---

3 "O hard law oferece legitimidade, mecanismos de sanção e uma maior efetividade, já o soft law oferece regras menos obrigatórias, desprovidas de sanção e um processo de negociação mais ágil. Entretanto, mesmo face as suas distinções, estes dois instrumentos são, na maioria das vezes, complementares".

É importante registrar que os direitos consagrados pela Declaração Universal dos Direitos Humanos (DUDH) só se tornaram efetivamente obrigatórios para os Estados-parte da ONU a partir de 1966, com a introdução de normas com caráter de *hard law*. Estas incluem os Pactos de Direitos Civis e Políticos e de Direitos Econômicos, Sociais e Culturais, juntamente a outras convenções como as sobre Direito das Crianças, Refugiados, Igualdade da Mulher, Proteção do Migrante e Eliminação da Discriminação Racial. Essas normas compõem o sistema internacional de proteção dos direitos humanos e servem como um marco essencial para o desenvolvimento do Direito Internacional dos Direitos Humanos.

Como se verifica, até então, havia um cenário de escassez de institutos afetos à formação de um sistema de proteção voltado exclusivamente a atender crianças e adolescentes por meio de normatizações próprias, ou seja, faltava um tratamento normativo específico para além da Declaração de Genebra de 1924, destinado a atender às características desses sujeitos, elaborados sob o prisma pós-positivista (DUARTE, 2013[4]), e desvencilhados de previsão inserta em instrumentos normativos de caráter geral.

Ante o cenário apresentado e a fim de melhor buscar atender os anseios protetivos que o público infantojuvenil demandava, em 20 de novembro de 1959, a Assembleia Geral das Nações Unidas inseriu a Declaração de Genebra (Declaração Universal dos Direitos da Criança) dentre os seus documentos e a expandiu, estabelecendo uma série de direitos fundamentais às crianças e adolescentes, essenciais para lhes garantir pleno

---

[4] "Para alguns teóricos, como Luís Roberto Barroso, suas principais marcas são a ascensão dos valores e o reconhecimento da normatividade dos princípios, fundamentando que a dogmática tradicional fomentou-se sob o mito da objetividade do Direito e da neutralidade do intérprete, tendo encoberto seu caráter ideológico, bem como sua instrumentalidade à dominação econômica e social".

desenvolvimento físico, mental, social e emocional (AMIN; MACIEL, 2018, p. 44[5]).

Destaque-se dentre os direitos elencados na Declaração os seguintes: Direito à igualdade; à proteção especial para o seu desenvolvimento físico, mental e social; a um nome e à nacionalidade desde o nascimento, bem como o direito de conhecer e ser cuidado por seus pais; à educação gratuita e obrigatória, visando o pleno desenvolvimento de sua personalidade e potencialidades; de ser protegido contra qualquer forma de abuso, negligência, exploração ou violência; à assistência jurídica e a um tratamento justo em caso de violação de seus direitos; dentre outros.

Em virtude do conteúdo normativo previsto na Declaração, pode-se considerá-la como sendo a norma embrião à evolução das concepções das doutrinas protetivas de crianças e adolescentes, na medida em que reconhece a esse público, explicitamente, direitos inerentes a todo ser humano, mas ressalta, sobretudo, as suas condições peculiares de pessoa em desenvolvimento para destacá-las das regras gerais de proteção conferidas a toda coletividade, ou seja, passa-se a enxergar que o público infantojuvenil é constituído por indivíduos a quem deve ser conferido tratamento especial com regras de proteção específicas, para além das normas gerais asseguratórias de direitos humanos.

Em complemento às regras estabelecidas nos documentos anteriores, preponderantemente voltadas à proteção de crianças e adolescentes em situação de abandono ou negligência familiar, comunitária e estatal, a Organização das Nações Unidas, no ano de 1985, em Beijing, China, por sua Assembleia Geral, elaborou norma, *soft law,* voltada ao

---

5"[...] foi a Declaração Universal dos Direitos da Criança, adotada pela ONU em 1959, o grande marco no reconhecimento de crianças como sujeitos de direitos, carecedoras de proteção e cuidados especiais".

tratamento de crianças e adolescentes a quem se impute o cometimento de ato análogo a ilícito penal (Resolução da ONU n.º 40/33 - Regras de Beijing[6]).

As principais regras previstas no referido documento incluem tratamento justo e igualitário do menor perante a lei, intervenção judicial mínima, respeito aos direitos e dignidade, participação e representação adequada, medidas alternativas à prisão, condições de detenção adequadas e apoio pós-liberação para reintegração social.

A Assembleia Geral, no mesmo ano, em Riad, Arábia Saudita, elaborou novo documento, estabelecendo diretrizes para a prevenção à delinquência infantojuvenil[7]. Nesse documento, ressalte-se o Enunciado n.º 56, o qual preconiza o dever de se estender aos menores submetidos a processos de apuração de atos infracionais as normas processuais mais benéficas, então conferidas aos maiores.

A partir dos documentos de Beijing e Riad surgiu a concepção de os Estados nacionais, especialmente aqueles signatários dos referidos documentos, de constituírem o sistema de proteção dos menores a quem se impute a prática de ato infracional, no mínimo, com as mesmas garantias processuais conferidas ao maior no âmbito penal.

Pela contribuição supracitada, as normas oriundas das Regras de Beijing e das Diretrizes de Riad são consideradas o marco do surgimento da proteção de crianças e adolescentes submetidas a processo de responsabilização pelo cometimento de ilícito análogo à infração penal, motivo pelo qual, constituem importantes fontes normativas na seara

---

6Regras Mínimas das Nações Unidas para a Administração da Justiça da Infância e da Juventude. Regra de Beijing. Adotadas pela Resolução 40/33 da Assembléia Geral da ONU, em 29 de novembro de 1985.

7Diretrizes Das Nações Unidas Para Prevenção Da Delinquência Juvenil Diretrizes De Riad. O Oitavo Congresso Das Nações Unidas Sobre Prevenção Do Delito E Tratamento Do Delinquente.

socioeducativa/infracional.

Em seguida, em 20 de novembro de 1989, em Nova Iorque, EUA, mantendo-se a premissa de se avançar, em âmbito internacional, sobre a concepção de garantias a serem conferidas às crianças e aos adolescentes, foi aprovada a CONVENÇÃO INTERNACIONAL SOBRE OS DIREITOS DA CRIANÇA E ADOLESCENTE (CDC), trazendo definitivamente a concepção da DOUTRINA DA PROTEÇÃO INTEGRAL para o âmbito da proteção de crianças e adolescentes.

A referida Doutrina reconhece crianças e adolescentes como sendo sujeitos de direitos, com necessidades específicas e merecedoras de proteção especial por parte do Estado e da sociedade, se baseando em quatro princípios fundamentais: Não discriminação; Interesse superior da criança; Direito à vida, sobrevivência e desenvolvimento; Participação ativa. Ainda, enfatiza a responsabilidade da sociedade em garantir e promover os direitos de crianças e adolescentes, assim como o papel do Estado na criação de políticas, programas e estruturas legais que assegurem sua proteção, desenvolvimento e bem-estar.

Atualmente, a Convenção é considerada o principal instrumento de proteção às crianças e adolescentes em âmbito internacional, tendo sido formalmente inserida na ordem interna por meio do Decreto 99.710/90, sendo-lhe conferida natureza jurídica de norma infraconstitucional supralegal, conforme preconiza o art. 5º, §2º, CF/88 (Min. Gilmar Mendes, RE 466.343-SP).

Na seara infracional, ela busca promover, dentre outras medidas, o assecuramento de não haver Juízos discriminatórios indistintamente em desfavor de nenhum menor, em razão de sua condição (art. 2º, 1), bem como recomenda aos signatários que zelem para que nenhuma criança ou adolescente seja privado de sua liberdade de forma ilegal, de modo que, em procedimentos com esse objeto, sejam sempre assegurados ao menor, direitos inerentes à proteção da dignidade humana e à condição peculiar de pessoa em desenvolvimento (art. 37, "b" e "c" e 40, rol).

1.2 A influência das normas internacionais sobre os direitos de crianças e adolescentes no âmbito nacional.

No Brasil, a partir da CF/88, o sistema de internalização das normas elaboradas em âmbito internacional passou a seguir o procedimento previsto nos arts. 5º, §2º, 49, I e 84, VIII da CF c/c as Normas Regimentais do CN, Senado e Câmara dos Deputados.

Quanto à definição da natureza jurídica dessas normas, após serem incorporadas pelo ordenamento interno, o Supremo Tribunal Federal, instado a se manifestar a respeito, ao julgar a Ação Direta de Inconstitucionalidade (ADI) n.º 1.480[8] e a Carta Rogatória (CR) n.º 8.279[9],

___

8"Os tratados ou convenções internacionais, uma vez regularmente incorporados ao direito interno, situam-se, no sistema jurídico brasileiro, nos mesmos planos de validade, de eficácia e de autoridade em que se posicionam as leis ordinárias, havendo, em consequência, entre estas e os atos de direito internacional público, mera relação de paridade normativa. Precedentes. No sistema jurídico brasileiro, os atos internacionais não dispõem de primazia hierárquica sobre as normas de direito interno. A eventual precedência dos tratados ou convenções internacionais sobre as regras infraconstitucionais de direito interno somente se justificará quando a situação de antinomia com o ordenamento doméstico impuser, para a solução do conflito, a aplicação alternativa do critério cronológico ("lex posterior derogat priori") ou, quando cabível, do critério da especialidade".

9"A recepção dos tratados internacionais em geral e dos acordos celebrados pelo Brasil no âmbito do MERCOSUL depende, para efeito de sua ulterior execução no plano interno, de uma sucessão causal e ordenada de atos revestidos de caráter político-jurídico, assim definidos: (a) aprovação, pelo Congresso Nacional, mediante decreto legislativo, de tais convenções; (b) ratificação desses atos internacionais, pelo Chefe de Estado, mediante depósito do respectivo instrumento; (c) promulgação de tais acordos ou tratados, pelo Presidente da República, mediante decreto, em ordem a viabilizar a produção dos seguintes efeitos básicos, essenciais à sua vigência doméstica: (1) publicação oficial do texto do tratado e (2) executoriedade do ato de direito internacional público, que passa, inicialmente, firmou entendimento jurisprudencial no sentido de que os documentos internacionais, após sua incorporação formal à ordem interna, passavam se localizar em posição inferior à Constituição Federal, contudo, no mesmo plano das leis ordinárias.

Ocorre que a partir da EC 45/2004, que acrescentou o §3º ao art. 5º da CF, e conferiu aos documentos internacionais sobre direitos humanos a possibilidade de serem inseridos no âmbito interno com natureza de Emenda Constitucional, o STF foi novamente instado a se manifestar quanto a natureza jurídica dos referidos documentos, especificamente quanto àqueles incorporados formalmente ao ordenamento jurídico interno antes da supracitada EC.

No julgamento (Recurso Extraordinário n.º 466.343[10]), a Corte, superando o entendimento anterior, definiu que "os tratados e convenções internacionais sobre direitos humanos que não foram aprovados segundo a regra do § 3º do art. 5º, da CF/88 (com a redação dada pela EC 45/2004) possuem *status* de norma supralegal, ou seja, situam-se abaixo da Constituição, mas, acima da legislação ordinária, como é o caso, por exemplo, da Convenção Americana de Direitos Humanos (Pacto de San José da Costa Rica) e da Convenção da ONU sobre direitos de crianças e adolescentes (CDC), que foram incorporadas ao Direito brasileiro antes da EC 45/2004 e, portanto, possuem *status* de norma supralegal.".

Feita uma breve exposição sobre as formas de internalização dos documentos internacionais ao ordenamento pátrio e a natureza jurídica que lhes são conferidas, passa-se à análise dos documentos internacionais relativos aos direitos da criança e adolescente em vigor no ordenamento interno.

___

então - e somente então - a vincular e a obrigar no plano do direito positivo interno".

10"Impossibilidade da Prisão Civil do Depositário Infiel".

Um dos primeiros documentos internacionais alusivos, especificamente, à infância e juventude, formalmente internalizado pelo Brasil a partir da CF/88, como dito anteriormente, foi a Convenção da ONU sobre os Direitos da Criança (CDC – Nova Iorque, 1989), promulgada pelo Decreto nº 99.710, de 21 de novembro de 1990, que trouxe consigo, por arrastamento, as Regras de Beijing, norma *soft law* constitutiva, dentre outras, do arcabouço normativo que forma a referida Convenção.

O Decreto nº 99.710 oficializa a incorporação da Convenção ao ordenamento jurídico brasileiro e estabelece as diretrizes para sua aplicação e cumprimento no país, reconhecendo-a como norma internacional de direitos humanos e estabelecendo a obrigação do Estado brasileiro de adotar medidas para garantir e promover os direitos das crianças e adolescentes em todas as esferas da vida, incluindo saúde, educação, proteção contra a exploração e abuso, participação ativa na sociedade, entre outros.

Ao promulgá-la, o Brasil reconheceu a importância dos direitos da criança como um tema prioritário e se comprometeu a implementar políticas públicas e legislação adequada para assegurar a proteção e o desenvolvimento pleno de todas as crianças em seu território, sob pena de a violação à Convenção importar em crime contra a humanidade, a ser julgado pelo próprio país ou, subsidiariamente pelo Tribunal Penal Internacional, sem prejuízo à imposição de outras sanções econômicas e políticas que possam vir a serem impostas indiretamente ao país (RAMOS, 2005), independentemente do julgamento da violação.

Em razão de ter sido internalizada antes da vigência da regra prevista no §3º do art. 5º da CF, incluída pela EC 45/2004, à referida norma internacional, com conteúdo sobre direitos humanos, é atribuído *status* de supralegalidade, como assim definido pelo STF (Recurso Extraordinário n.º

349.703[11]), ao definir a natureza jurídica de norma com conteúdo e submetida a processo de internalização análogos ao da referida Convenção.

Face o status normativo conferido ao referido documento internacional, as normas ordinárias internas que com ele conflitem, têm seus efeitos obstados, configurando assim, situação jurídica a qual a doutrina e a jurisprudência do STF (Recurso Extraordinário n.º 349.703[12]) passou a denominar de "efeito paralisante" dos tratados internacionais sobre direitos humanos à legislação ordinária.

Do exposto, percebe-se que os documentos internacionais internalizados pelo ordenamento brasileiro, em especial, o CDC, por seu conteúdo e posição hierárquico-normativa, constituem importantes fontes jurídicas propícias a conferir a crianças e adolescentes outros direitos e garantias para além daqueles previstos na legislação ordinária interna, inclusive, sendo capazes de alterar o ordenamento jurídico a ponto de obstar

---

11"Desde a adesão do Brasil, sem qualquer reserva, ao Pacto Internacional dos Direitos Civis e Políticos (art. 11) e à Convenção Americana sobre Direitos Humanos - Pacto de San José da Costa Rica (art. 7º, 7), ambos no ano de 1992, não há mais base legal para prisão civil do depositário infiel, pois o caráter especial desses diplomas internacionais sobre direitos humanos lhes reserva lugar específico no ordenamento jurídico, estando abaixo da Constituição, porém acima da legislação interna. O status normativo supralegal dos tratados internacionais de direitos humanos subscritos pelo Brasil torna inaplicável a legislação infraconstitucional com ele conflitante, seja ela anterior ou posterior ao ato de adesão".

"A Convenção Americana sobre Direitos do Homem, que dispõe, em seu artigo 7º, item 5, que "toda pessoa presa, detida ou retida deve ser conduzida, sem demora, à presença de um juiz", posto ostentar o status jurídico supralegal que os tratados internacionais sobre direitos humanos têm no ordenamento jurídico brasileiro, legitima a denominada "audiência de custódia", cuja denominação sugere-se "audiência de apresentação". 2. O direito convencional de apresentação do preso ao Juiz, consectariamente, deflagra o procedimento legal de habeas corpus, no qual o Juiz apreciará a legalidade da prisão, à vista do preso que lhe é apresentado, procedimento esse instituído pelo Código de Processo Penal, nos seus artigos 647 e seguintes".

12"O status normativo supralegal dos tratados internacionais de direitos humanos subscritos pelo Brasil torna inaplicável a legislação infraconstitucional com ele conflitante, seja ela anterior ou posterior ao ato de adesão".

normas internas mais prejudiciais àquele público do que as normas neles previstas.

Importante ressaltar que, embora outros documentos internacionais afetos às questões envolvendo crianças adolescentes não tenham sido devidamente internalizados pela ordem interna, como citados no tópico anterior, é de se destacar a relevante contribuição que cada um daqueles documentos deu para a formação de um sistema interno próprio, desde a elaboração do Regulamento da Assistência e Proteção aos Menores Abandonados e Delinquentes, vigente por meio do Decreto n.º 16.272/23, até chegarmos à elaboração da Lei 8.069/90, qual seja, o atual e vigente Estatuto da Criança e do Adolescente (ECA).

1.3 O surgimento do sistema jurídico infantojuvenil nacional e suas concepções teóricas até o ECA.

Na ordem jurídica brasileira, remonta à época da vigência das Ordenações Filipinas (1063-1830), norma diferenciadora voltada exclusivamente aos menores delinquentes, dispondo, em seu conteúdo, apenas sobre a vedação à aplicação da pena de morte aos menores de 17 anos.

Até o ano de 1923, a ordem interna carecia de legislações próprias voltadas ao tratamento de crianças e adolescentes (DOUTRINA DA ABSOLUTA INDIFERENÇA), sendo as questões relativas à situação dos menores tratadas em legislações de caráter geral.

A exemplo da abordagem em norma geral, tem-se o Código Penal do Império (Lei n.º 16/1830), como importante marco legislativo no tocante ao tratamento da criminalidade praticada por menores de idade. Em seus arts. 10 e 13, firmou a inimputabilidade penal de forma relativa, aos menores de 14 anos de idade, haja vista que condicionava a não responsabilização penal, conjugada à idade, à avaliação psicológica do agente, aferível pelo julgador, sobre as consequências do ato praticado (critério biopsicológico).

Já nas hipóteses em que o indivíduo fosse maior de 14 anos e menor de 17 anos, o juiz poderia decidir, sob a perspectiva de justiça, aplicar-lhe ou não a pena prevista no Código Penal vigente, limitada, contudo, àquela prevista ao cúmplice, conforme previsto no art. 18 do referido Código.

Curiosamente, apenas a título de informação, ressalte-se que o Código Penal do Império também pode ser considerado como sendo uma das primeiras normas internas voltadas à proteção de menores por violação a seus direitos.

No âmbito protetivo, o Código Penal do Império passou a prever pena àqueles que praticassem atos de violência carnal ou rapto contra a mulher, menor de dezessete anos, virgem, ou honesta, havendo, contudo, causa extintiva de punibilidade se após a prática delitiva houvesse o casamento entre a vítima e seu algoz.

Com o advento do governo republicano, no ano de 1890, foi promulgado o primeiro Código Penal da República (Decreto n.º 847/90), o qual, nos arts. 27 e 30, alterou os marcos da inimputabilidade penal, fixando-a de forma absoluta aos menores de 09 anos de idade (critério biológico/cronológico), e relativa, àqueles entre 09 e 14 anos de idade, hipótese em que a imputabilidade ficaria condicionada ao reconhecimento judicial de que o menor, ao praticar o ilícito, tinha discernimento sobre as consequências do ato (critério biopsicológico).

Para o público na faixa etária dos 14 aos 17 anos, não havia critério de inimputabilidade com base na idade, e as únicas diferenças alusivas às penas que caberiam ao maior de 18 anos seriam a redução da pena pelo equivalente à do cúmplice pelo ilícito praticado, conforme aduzia o art. 65 e, por fim, em sendo aplicada pena em meio fechado, o cumprimento deveria ser iniciado em estabelecimentos industriais especiais, art. 49.

Ressalvadas as garantias expostas, não haviam outras medidas, direitos, ou garantias que distinguissem o processamento, julgamento e consequências da condenação por crimes praticados entre maiores e menores, cenário este que possibilitava a submissão de menores as mais cruéis barbáries do cárcere, como violência física, sexual, etc.

Dados extraídos junto aos estabelecimentos prisionais sediados no Rio de Janeiro, então Capital Federal, mostravam, inclusive, que relevante parte dos encarcerados, especificamente 16,4% dos cerca de 16 mil presos, entre os anos de 1907 a 1912, eram menores (WESTIN, 2015).

Em face dessa situação, e dentre outras, a realidade de ausência de legislações voltadas estritamente a atender o público infantojuvenil e suas especificidades só veio a ser superada a partir da observância, pelo Brasil, dos documentos internacionais aos quais aderiu como signatário e dos relevantes trabalhos de José Cândido de Albuquerque de Mello Mattos (ARQUIVO NACIONAL, 2023[13]), voltados à causa dos menores em situação de abandono ou delinquência, dando origem à Doutrina do menor em situação irregular.

A referida Doutrina atribuía ao Estado, através da atuação direta da figura do Juiz de Menores, poder geral de tutela sob os menores naquelas situações, dando origem à figura do magistrado paternal (PINHEIRO,

---

13 "Mello Mattos, como ficou publicamente conhecido, foi o primeiro juiz de menores do antigo Distrito Federal, do Brasil e da América Latina, nomeado em 1924, tendo-se destacado pelo seu empenho no desenvolvimento de legislações voltadas exclusivamente à causa infantojuvenil".

2014[14]), fato este que refletia um protecionismo que bem poderia significar um cuidado extremo de garantir que a meta de se resolver o problema social causado pela situação do menor seria efetivamente bem resolvida (VIANNA, 2007, p. 39).

A partir da preponderante colaboração de Mello Mattos, o ordenamento jurídico brasileiro passou a ter normas próprias voltadas às crianças e adolescentes, iniciando o histórico legislativo a partir de 1923.

Coube ao notável jurista, naquele ano, elaborar o Regulamento da Assistência e Proteção aos Menores Abandonados e Delinquentes, que, por conseguinte, veio a ser aprovado e inserido em nosso ordenamento por meio do Decreto n.º 16.272/23, assinado pelo então Presidente da República, Arthur Bernardes.

O Regulamento inovou na ordem jurídica nacional ao estabelecer um sistema de proteção ao menor de 18 anos em situação de abandono ou em delinquência, distinto dos sistemas gerais, criando um Juizado Especial, ocupado por um Juiz de Menores, um Curador de Menores, cuja a atribuição competia ao Promotor de Justiça, e por profissionais multipedagógicos.

Cabia ao referido Juízo, privativamente, resolver a situação de menores submetidos àquelas hipóteses em que se autorizaria a intervenção Estatal em suas liberdades.

Ainda, conforme se verifica dos arts. 50 e 52 do Regulamento, passou-se a estabelecer um rito próprio para o processamento e julgamento das ações em que figurassem menores de 18 anos sujeitos ativos de ilícitos penais (contravenções ou delitos), havendo, dentre as regras, a previsão de imediata apresentação do menor delinquente e das testemunhas do fato ao Juízo de Menores para fins de oitiva em audiência; avaliação psicossocial do

---

14"Mello Mattos defendia uma "justiça paternal e de medidas de segurança e proteção destituídas de todo caráter penal, revestidas de caráter pedagógico e tutelar, por se entender que não se trata de criminosos a punir, mas de menores a instruir e educar".

menor; ausência de formalidades para a propositura da ação; forte atuação judicial por meio de atos de ofício; atribuição de segredo de Justiça a essas Ações (art. 31).

Esmiuçando as normas de processamento para aferição de responsabilização pelo ilícito penal, preconizava o art. 24 do Regulamento que os menores de 14 anos (critério biológico) acusados de delinquência, não seriam submetidos a nenhum tipo de processo de responsabilização penal, contudo, poderiam vir a serem inseridos em estabelecimentos distintos de sua moradia para o tratamento adequado, conforme o caso. Se, sendo-lhes imputada a prática de infração penal, fossem diagnosticados como sendo pessoas: (i) portadoras de problemas psicológicos (critério psicológico), seriam submetidos a tratamento ambulatorial; ou (ii) em situação de abandono (critério social), seriam submetidos a tratamento reformatório, até ser constatada a regeneração social ou o atingimento dos 21 anos de idade (art. 24, §2º).

Já aos maiores de 14 e menores de 18 anos, aludia o art. 25 do Regulamento, que esses indivíduos seriam submetidos a processo especial para responsabilização pela delinquência/ilícito penal, havendo uma distinção das consequências com base na espécie da infração cometida e em critérios biopsicossociais.

Nos casos em que a natureza da infração cometida pelo referido público fosse de contravenção, passou-se a prever a sanção de Advertência como sendo a pena cabível (art. 50, §3º, I), e nos casos em que fosse classificada como crime, a imposição de sanção dependeria da observância a critérios biopsicossociais e da aferição da gravidade do ilícito.

Inicialmente, adotando-se ao critério etário/biológico, separavam-se os menores a que fossem imputadas a prática de crime em 02 grupos. Os do primeiro grupo, constituído por menores com idade entre 14 e 16 anos, e que, em qualquer hipótese, só poderiam ser sancionados com pena reformatória, e os do segundo grupo, constituído por menores com idade entre 16 e 18 anos, e que poderiam, uma vez constatada a gravidade do ilícito, serem sancionados com a pena prevista no Código Penal vigente pelo crime praticado, ressalvado apenas o direito de tê-la reduzida à pena do cúmplice e o cumprimento em regime reformatório.

Detalhando, em primeira hipótese, em que a responsabilização penal pelo ato fosse imputada aos menores com idades entre 14 e 16 anos, a sanção a ser imposta dependeria do resultado da avaliação psicossocial.

Em caso de haver resultado favorável da avaliação, o menor só poderia ser internado em escola de reforma pelo período de 01 a 05 anos. Do contrário, havendo resultado desfavorável da avaliação, a internação em reformatório poderia ser imposta pelo período de 03 a 07 anos.

Em segunda hipótese, em que a responsabilização penal pelo cometimento de crime fosse imputada aos menores com idades entre 16 e 18 anos (art. 25, §5), nesses casos, a sanção a ser imposta dependeria, além da avaliação biopsicossocial, da aferição judicial da gravidade do ilícito por eles praticado.

Em sendo constatada a gravidade do ilícito e o fosse desfavorável o resultado da avaliação psicossocial, poderia ser imposta a sanção penal ao delinquente dessa faixa etária. Ressalte-se que a sanção a ser imposta ao agente seria aquela correspondente ao crime por ele praticado, com previsão no Código Penal vigente e não nas sanções previstas no Regulamento, sendo-lhe, todavia, conferido como distinção aos maiores, o direito de tê-las reduzida àquela equivalente à da cumplicidade, prevista no art. 65 do Código Penal de 1890.

Em razão da finalidade preponderantemente reformatória, uma vez aplicada a pena ao menor delinquente, o cumprimento, regra, deveria ser realizado perante Casas de Correção (Escolas de Reforma - art. 68), passando a ser vedado o encarceramento de menor de 16 anos em prisão comum, salvo nos casos em que na localidade não houvessem estabelecimentos reformatórios. Nesse caso, poder-se-ia ser realizado o cumprimento da pena em prisão comum, ressalvada, em todo caso, a alocação do menor de 18 anos em área distinta a dos presos maiores de idade, permanecendo desses separados até a extinção da pena, pela regeneração social (art. 72, §2º), ou pelo total cumprimento do tempo da pena aplicada.

Por fim, o Regulamento trouxe à ordem jurídica a possibilidade de imposição de Liberdade Vigiada como hipótese de medida transitória, progressiva e condicional à desinternação do menor inserido em escola de reforma (art. 32).

Decorridos alguns anos do implemento das normas previstas no Regulamento, constatou-se a necessidade de se aperfeiçoar os institutos jurídicos nele previstos e a inovar na forma de proteção voltada ao público infantojuvenil, por meio de outros institutos, à luz da realidade social de crianças e adolescentes vivida à época.

Foi o caso do Decreto 17.943-A, de 12 de outubro de 1927, intitulado Código dos Menores, notoriamente conhecido como Código de Mello Mattos (Mello Mattos foi o autor do projeto normativo), que, além de absorver a maioria dos regramentos já previstos no Regulamento, acrescentou mais uma hipótese de afastamento do menor de sua moradia, no caso, em razão do puro e simples cometimento de infração penal, e promoveu, ainda, algumas alterações às fases do rito especial para apuração do ilícito cometido por menores.

No tocante ao acréscimo de nova hipótese de afastamento da moradia, acrescentou-se a hipótese de inserção do menor de 14 anos, a quem se atribuísse o cometimento de infração penal, em estabelecimento correicional (asilo, escola de preservação, etc), ou de concessão de sua guarda ou tutoria à pessoa que a pudesse prestar de modo mais adequado de que seus pais ou responsáveis anteriores ao ato (art. 79), quando restar-se comprovado que esses não conseguiriam dar-lhe formação adequada.

Quanto às principais alterações aos institutos processuais e à ritualística, o Código dos Menores passou a prever a possibilidade de instauração de inquérito para se investigar o cometimento de crime por maior de 14 e menor de 18 anos (art. 169), o que era expressamente dispensado pelo Regulamento em seu art. 50, §1º.

Também passou-se a exigir o oferecimento de peça acusatória e juízo positivo de admissibilidade pelo Magistrado para fins de deflagração do processo especial, salvo nos casos em que o processo tivesse sido instaurado por portaria do Juízo ou mediante Auto de Prisão em Flagrante (art. 183).

Passou a prever a realização do interrogatório do menor, prescrevendo que esse deveria ser o primeiro ato da audiência de instrução, ou seja, antes da oitiva de eventual vítima e inquirição das testemunhas.

A aplicação da medida de Advertência, antes cabível apenas para os casos de contravenção, passou a ser cabível também a qualquer tipo de infração penal leve (art. 82).

Por fim, alterou a natureza jurídica da Liberdade Vigiada, que deixou de ser medida de caráter transitório e condicional à desinternação, passando ser autônoma e substitutiva à internação, nos casos em que o menor tenha sido sentenciado a até 01 ano de internação.

Ainda que se possa fazer razoáveis críticas, é indubitável a contribuição das referidas normas ao sistema jurídico infantojuvenil, especialmente, na seara de responsabilização de menores de 18 anos pelo cometimento de ilícitos penais.

Essa contribuição influenciou também o Código Penal da época que, há tempos, já demandava uma nova roupagem à luz da realidade social vigente e, quando de sua elaboração em 1940, à luz das normas inerentes ao público infantojuvenil, passou a prever a possibilidade de responsabilidade penal, como assim era denominado o instituto da imputabilidade, àqueles que possuíssem mais de 18 anos à época do cometimento do ilícito.

Após mais de meio século de vigência do código dos Menores e advindas novas situações jurídicas ao âmbito da infância e juventude em decorrência das alterações e inovações trazidas pela dinâmica da realidade social no tempo, fez-se necessária a elaboração de uma nova legislação voltada ao referido público.

Mantendo a doutrina protecionista vigente sob à égide das legislações anteriores, foi elaborada uma nova norma à seara infantojuvenil, passando a vigorar no ordenamento jurídico pátrio, a partir de 1979, o Código dE Menores (Lei n.º 6.697/79).

A partir da nova Lei houve a extensão das atribuições jurisdicionais do Juiz com competência para as matérias da infância e juventude nas ações envolvendo menor em situação irregular (art. 89), com a intensificação das possibilidades de sua intervenção, conforme se verifica do texto do art. 16, caput, que previa a possibilidade de decretação *ex officio* de apreensão do menor com colocação em internação provisória, e cujo cabimento era tanto na seara infracional, quanto protetiva.

Na esfera processual foi acrescido como característica aos processos da infância, a isenção a despesas processuais (art. 3º), além de manter a regra do segredo de justiça previsto a essas ações desde a vigência do Regulamento.

O Código também inovou no âmbito da concessão de garantias aos menores, com idades entre 14 e 18 anos, submetidos ao procedimento especial para apuração de delinquência, ao tornar obrigatória a constituição de Advogado para assumir a defesa do menor (art. 93, p. único), contudo, reservou a referida obrigatoriedade apenas para fins Recursais.

Em verdade, a garantia supracitada era mais voltada a reduzir as atribuições do Curador de Menores do que, de fato, assegurar a defesa legítima dos interesses do menor.

Ainda no âmbito das garantias, o CM foi a primeira legislação a prever a aplicação subsidiária da legislação processual pertinente às ações nele previstas (art. 87, p. único), assim, dando início a possibilidade de se outorgar ao menor as mesmas garantias processuais conferidas ao maior.

Não obstante a máxima importância da regra da subsidiariedade processual para a apuração de ilícitos penais cometidos por menores, pode-se indicar como sendo a principal inovação trazida pelo Código, àquela relativa ao seu âmbito de abrangência objetiva, ou seja, em quais hipóteses seriam admitidas a intervenção estatal para se apurar e aplicar aos menores as normas nele previstas.

O Código passou a prever como hipótese de intervenção do poder público, em face das liberdades do menor, além dos casos em que configurada a prática de infração penal pelo menor, os casos em que fossem constatados que o menor encontrava-se em desvio de conduta por grave inadaptação familiar ou social, ressalte-se, independentemente do cometimento de infração penal ou situação de abandono.

No tocante às regras de procedimento e às medidas aplicáveis àqueles incidentes na supracitada hipótese, lhes eram aplicadas as mesmas regras previstas ao menor em situação irregular pela imputação de infração penal/delinquência (arts. 38 e 41).

Na seara das sanções foram acrescentadas a necessidade de se agregar, por meio das medidas a serem impostas ao menor em situação irregular pela delinquência ou por desvio de conduta, a busca da promoção de sua integração familiar e social como uma das finalidades das referidas medidas (art. 13) e da justiça restaurativa (art. 103), constituindo os referidos acréscimos um importante marco civilizatório no âmbito dos procedimentos da esfera infracional, em virtude de as legislações anteriores visarem apenas a regeneração social do menor pela reforma em estabelecimento correcional.

Houve a definição da advertência e da liberdade assistida, antes denominada liberdade vigiada, como medidas autônomas a serem impostas ao menor pelo cometimento de qualquer infração penal ou desvio de conduta, ao lado da medida de internação em estabelecimento psicossocial adequado, bem como da Semiliberdade, contudo, essa última, como medida de caráter transitório, progressivo e condicional àquele que se encontrava internado (art. 39).

Por fim, foi fixada limitação à vigência das medidas impostas com fundamento nas regras do Código, limitando-a e restringindo a possibilidade temporal de impô-las, até o atingimento dos 21 anos de idade pelo então menor (art. 41, §3º). Ressalvada, contudo, a situação do menor submetido à internação por desvio de conduta ou infração penal, hipóteses em que, ao completar vinte e um anos sem que tenha sido declarada a cessação da medida pelo Juízo de Menor, passaria o internado à jurisdição do Juízo competente em Execuções Penais, a quem incumbiria extinguir a medida mediante prévio resultado de avaliação de regeneração, ou até o término do tempo previsto para o cumprimento da medida imposta.

Do exposto, percebe-se que as legislações afetas às questões infantojuvenis, vigentes a partir do Regulamento, tinham por finalidade normativa preponderante dar, efetivamente, solução à situação irregular de menores em abandono e/ou na prática da delinquência, regra, sem observar, contudo, um processamento garantista para tanto, desprezando a existência de direitos a serem assegurados ao referido público quando submetidos a processos por elas regidos.

Especificamente, quando a irregularidade fosse decorrente de delinquência, os menores eram submetidos às regras procedimentais distintas daquelas previstas aos maiores, regras específicas essas que, em última análise, inúmeras vezes desprezavam a existência de direitos tendentes a assegurar-lhes a dignidade humana, haja vista serem os ritos procedimentais, preponderantemente, voltados à resolução de um "problema" social.

Neste sentido, cite-se o elevado poder de atuação e mesmo de iniciativa conferido ao magistrado para fins de promover e tomar decisões *ex officio* no procedimento, sendo, inclusive, prevista a desnecessidade de fundamentação das decisões (art. 87, caput, CM); a figura do curador de menor exercida pelo órgão ministerial que também exercia o mister da acusação (art. 90, CM); e, ainda, haver o julgamento satisfativo com imposição da medida mais severa, fundada, exclusivamente, no conteúdo investigatório, prescindindo da peça acusatória propriamente dita (art. 100, I, CM), dentre outras características peculiares.

Analiticamente, pode-se identificar as seguintes características desse sistema processual menorista paternalista/tutelar e que balizavam a Justiça infantojuvenil sob a égide do Regulamento, do CMM e do CM (SPOSATO, 2011, p. 81): (a) negação da natureza jurídico-penal; (b) ausência de garantias processuais; e (c) amplo arbítrio judicial.

Em resumo, sob o pálio da preponderante busca e preservação da manutenção da ordenação social, conferia-se ao Estado Tutor, na figura do Juiz de Menores, amplo poder de atuação, para uma pronta resposta à situação irregular. Todavia, não obstante houvesse relativa vantagem de dada sumariedade aos procedimentos em que figurassem menores em situação de abandono, noutra banda, quanto àqueles em situação irregular pela prática da delinquência, a abreviação dos ritos constituía uma real minimização à concessão de garantias processuais do referido público.

Após anos de situação de indiferença jurídica ou de tratamento interventivo arbitrário, pautado fundamentalmente em ideias para se dar solução à situação de menores em abandono, delinquência e/ou desvio de caráter, a partir da Evolução Social e da influência dos documentos internacionais na ordem jurídica interna, especialmente da CONVENÇÃO DA ONU SOBRE DIREITOS DA CRIANÇA (Nova Iorque, 1989), passou-se a conceber ao público infantojuvenil uma nova concepção em face do sistema de proteção vigente, adotando-se a DOUTRINA DA PROTEÇÃO INTEGRAL.

A referida concepção doutrinária foi adotada pelo ordenamento jurídico nacional, conforme previsto no art. 227 da CF, passando a ser exigido do Estado o dever de, antes de intervir na situação jurídica de crianças e adolescentes, assegurar-lhes direitos voltados à proteção integral do referido público, sem prejuízo de serem-lhes assegurados todos os direitos fundamentais inerentes à pessoa humana (ECA, art. 3º).

Além de se exigir o asseguramento de direitos ao público menor de 18 anos, sejam de ordem protetiva, sejam aqueles inerentes à toda pessoa humana, a nova ordem passou a restringir a intervenção indiscriminada do Estado em face da liberdade de crianças e adolescentes (art. 16, I, ECA), como ocorria na vigência das legislações elaboradas sob a concepção da DOUTRINA DO MENOR EM SITUAÇÃO IRREGULAR.

Passou-se a exigir que eventuais decisões proferidas neste sentido fossem norteadas e fundamentadas, dentre outros, com base no princípio do melhor interesse do menor e a ser proferida após a submissão do procedimento ao devido processo legal substancial, em respeito ao postulado máximo da preservação à dignidade da pessoa humana que deve ser conferido a qualquer pessoa em julgamento, inclusive, ao público infantojuvenil.

CAPÍTULO II - SISTEMA PROCESSUAL SOCIOEDUCATIVO PREVISTO A PARTIR DO ESTATUTO DA CRIANÇA E DO ADOLESCENTE

2.1 Reflexos gerais da incidência da concepção doutrinária da proteção Integral sobre os processos socioeducativos.

A partir da evolução doutrinária da concepção de proteção voltada ao público infantojuvenil, com a adoção da Doutrina da Proteção Integral, os processos em que figurassem crianças e adolescentes, tanto no âmbito protetivo, quanto socioeducativo/infracional, passaram a ter novas características.

De início, cite-se o fato de que, além de serem revestidos de segredo de justiça e isenção de despesas processuais, passaram a ter absoluta prioridade no sistema de justiça, sendo a referida característica prevista tanto na Constituição Federal, art. 227, caput, quanto no Estatuto, art. 152, §1º, importando a inobservância em responsabilidades ao agente que a descumprir injustificadamente.

Quanto à definição do público abrangido pelas normas voltadas à proteção infantojuvenil, importa iniciar dispondo sobre discussões a respeito da menoridade penal.

Sobre o tema, a CF/88 foi a primeira das constituições nacionais a fixar, por meio do critério exclusivamente cronológico, a menoridade como causa à inimputabilidade penal (art. 228). Assim, pelo texto constitucional é penalmente inimputável o agente causador de infração penal que seja pessoa menor de 18 anos ao tempo do cometimento do ilícito.

Nestes casos, em que imputada a prática de infração penal a um maior de 12 e menor de 18 anos (ECA, art. 104), a responsabilização desses indivíduos dá-se de acordo com as normas para apuração de ato infracional previstas na legislação especial (ECA), e com a imputação das medidas socioeducativas nela previstas.

Apenas a título de informação, há, ainda, a possibilidade de ser imputada a "responsabilização" por ilícito penal à menor de 12 anos, onde a abordagem também se faz por meio do ECA (AMIN; MACIEL, 2018, p. 785; JÚNIOR, 2017, p. 186[15]), todavia, o processamento dá-se sob a égide do sistema de proteção, com atuação preponderante do Conselho Tutelar (ECA, arts. 105 e 136, I), pelo que, neste trabalho não será abordada a processualística adotada para a "responsabilização infracional" do referido público.

A previsão da menoridade no texto constitucional tem gerado no mundo acadêmico, jurídico e legislativo, inúmeros debates sobre a possibilidade ou não de se realizar a redução.

Ocorre que, a princípio, sob o ponto de vista da dogmática exclusivamente jurídica (ROSSATO; LÉPORE; SANCHES, 2018, p. 321), a referida discussão acaba sendo inócua, haja vista que, na medida em que a menoridade em até 18 anos constitui direito individual previsto de forma esparsa no texto da CF, ficam inviabilizadas eventuais discussões e propostas que visem a sua redução, quer seja por meio de Lei ou de EC, pois, como dito, por se tratar de direito individual previsto na CF, constituindo, assim, cláusula pétrea, em virtude do que dispõe o art. 60, §4º, IV, CF, sequer pode ser submetida à deliberação proposta tendente a aboli-

---

15 "Com relação às crianças, ou seja, às pessoas de até 12 anos de idade incompletos, que cometem infrações análogas às penais, o Estatuto da Criança e do Adolescente as excluiu da aplicação de medida socioeducativa, determinando, no seu art. 105, que ao ato infracional praticado por criança corresponderão as medidas de proteção previstas no art. 101, que podem ser aplicadas isolada ou cumulativamente (art. 99 do ECA)".

"Ato infracional cometido por criança: no caso de envolvimento de criança, menores de doze anos (art. 2º), não se aplica o procedimento previsto neste artigo, mesmo que grave o ato infracional. No caso, criança deve ser encaminhada ao Conselho Tutelar".

la ou minorá-la do patamar originariamente fixado, sob pena de retirar parcela do público atualmente protegida pelo Estatuto do âmbito dessa proteção.

Superada, a princípio, e sem a pretensão de esgotar a questão sobre a menoridade penal, passando à análise do sistema constitucional de proteção voltado a crianças e adolescentes, tem-se que se encontram submetidos à proteção pelo Estatuto os menores de 18 anos, seja na seara protetiva, propriamente dita, caracterizada pela situação de risco, seja no âmbito da responsabilização socioeducativa/infracional.

Ressalva-se, no último caso, a possibilidade de extensão das medidas socioeducativas ou de sua aplicação àqueles que ainda não tenham atingido os 21 anos de idade, sendo este um marco limitativo peremptório, sem possibilidade de extensão, conforme previsto no parágrafo único do art. 2º do ECA.

Outro marco limitativo alterado foi o tempo máximo para cumprimento das medidas socioeducativas impostas, passando a ser de até 03 anos, pelo que, a partir do ECA a vigência das medidas socioeducativas durariam no máximo 03 anos ou até que o infrator/socioeducando completasse 21 anos, o que ocorresse primeiro.

Definidos o público submetido às regras do sistema socioeducativo/infracional previsto no Estatuto e o termo de vigência das medidas nele previstas, passando à análise estrita do referido sistema, tem-se que a norma especial passou a conceber nova natureza jurídica aos processos em que o público a ela submetidos figurassem como sujeitos ativos de infrações penais.

A ritualística adotada deixou de ser classificada como sendo apenas um mero procedimento especial, com características penais, passando a ser um procedimento autônomo, com institutos jurídicos próprios, ao qual foi dada a denominação legal de procedimento de apuração de ato infracional.

O Estatuto também pôs fim à natureza jurídica de pena às sanções impostas aos adolescentes infratores, em virtude da preponderância do caráter educativo às sanções nele previstas e a busca de se alcançar a referida finalidade por meio de um processo socioeducativo, no qual as sanções devem promover à educação social e instrutória do menor em integração com o âmbito social ao qual ele pertence, tanto familiar quanto comunitário (STJ[16]), sendo por isso, a princípio, deixado de lado a existência de um caráter meramente retributivo e reformador como sendo as únicas finalidades à imposição das medidas (NUCCI, 2018, p. 351[17]).

Neste aspecto diferenciador entre a finalidade de cada um dos institutos, seja da pena, seja das medidas socioeducativas, pontua Nucci (2018, p. 351) que *"praticada a infração penal, nasce a pretensão punitiva do Estado; cometido o ato infracional, nasce a pretensão educativa."*.

De tais premissas adveio, dentre outras, a impossibilidade de, de qualquer modo, haver o cumprimento das medidas socioeducativas impostas ao adolescente infrator, seja de forma cautelar ou definitiva, em estabelecimentos prisionais comuns, sem qualquer ressalva, conforme

---

16 "1. Tratando-se de menor inimputável, não existe pretensão punitiva estatal propriamente, mas apenas pretensão educativa, que, na verdade, é dever não só do Estado, mas da família, da comunidade e da sociedade em geral, conforme disposto expressamente na legislação de regência (Lei 8.069/90, art. 4º) e na Constituição Federal (art. 227). 2. De fato, é nesse contexto que se deve enxergar o efeito primordial das medidas socioeducativas, mesmo que apresentem, eventualmente, características expiatórias (efeito secundário), pois o indiscutível e indispensável caráter pedagógico é que justifica a aplicação das aludidas medidas, da forma como previstas na legislação especial (Lei 8.069/90, arts. 112 a 125), que se destinam essencialmente à formação e reeducação do adolescente infrator, também considerado como pessoa em desenvolvimento (Lei 8.069/90, art. 6º), sujeito à proteção integral (Lei 8.069/90, art. 1º), por critério simplesmente etário (Lei 8.069/90, art. 2º, caput)".

17"A segunda – pretensão educativa – é calcada no prisma da finalidade da medida socioeducativa, que se lastreia na educação ou reeducação do adolescente; secundariamente, não há como dissociar o aspecto punitivo".

previsto nos arts. 123 e 185, ECA, haja vista a impropriedade das finalidades do cárcere do maior às finalidades socioeducativas pretendidas ao adolescente infrator.

No âmbito processual o ECA passou a prever expressamente direitos individuais e garantias processuais específicas aos adolescentes submetidos a processo de apuração infracional (NUCCI, 2018, p. 348[18]). Direitos e garantias essas que em razão de serem provenientes de um Estatuto com caráter e viés mais protetivo, na seara infracional, estão voltados preponderantemente a atender as características do adolescente como pessoa em desenvolvimento e a conferir finalidade socioeducativa[19] às medidas a serem-lhe impostas.

Em face disso, percebe-se que o Estatuto buscou promover a justiça no âmbito infracional por meio de novas regras, próprias, relativamente desvencilhadas daquelas previstas à seara Penal, conforme se observa das regras insculpidas nos arts. 106 e seguintes e do sistema próprio de princípios que devem ser observados para a imposição da medida socioeducativa mais adequada, conforme preconizam o art. 227, §3º, V da CF e os arts. 112, §1º, e 122, §2º, ECA (Dosimetria da MSE - STF[20]).

---

[18]"Podem-se promover dois focos: a) garantias individuais: são os direitos instituídos pelo Estado para assegurar outros, todos de natureza fundamental (como a ampla defesa e o contraditório são garantias individuais para assegurar o direito à liberdade); b) garantias processuais: são os direitos processuais criados para assegurar outros, como a identidade física do juiz para garantir a mais equilibrada formação do convencimento do julgador. Noutros termos, há garantias processuais constitucionais e garantias processuais estritamente falando. As primeiras são previstas na Constituição Federal, mas se aplicam ao processo penal. As segundas se encontram na legislação processual comum".

[19]"As medidas socioeducativas não têm por escopo punir, mas prevenir e educar. Permitir o porte de armas para os agentes de segurança socioeducativos significa, em princípio, reforçar a errônea ideia do caráter punitivo de rede de proteção e configura ofensa material à Constituição".

[20]"O ECA e a jurisprudência do STF consideram o ato infracional cometido mediante grave ameaça e violência a pessoa como sendo passível de aplicação da medida de internação. Na espécie, a fundamentação da decisão proferida pelo Juízo da Infância e da

Ainda no âmbito das garantias processuais, cite-se o direito de ser imediatamente levado à presença da autoridade competente para ter avaliada sua situação jurídica, regra essa que, em verdade, remanesceu das legislações anteriores, sendo, contudo, a partir do ECA, acrescida da observância de que eventuais decisões a serem tomadas pela autoridade competente, afetas a interferir na liberdade do adolescente apreendido, devem ser proferidas por meio de um procedimento em que se assegure o DEVIDO PROCESSO LEGAL e as demais garantias que se extraem do referido princípio, assegurando ao adolescente o direito ao contraditório e a ampla defesa; de ser assistido por defensor; e de ser tratado com igualdade aos demais sujeitos da relação processual.

Com base no exposto, exemplificando, vedou-se a decretação *ex officio* de busca e apreensão com colocação em internação provisória, como era previsto nas legislações anteriores, dependendo, a imposição da referida medida cautelar da presença de pressupostos autorizativos para sua imposição (ECA. art. 174, caput).

Verifica-se que o Estatuto pretendeu pôr fim à concepção do Juiz Paternal, vedando ao magistrado a possibilidade de intervenções *ex officio* à liberdade do menor a quem se imputa a prática de ato infracional, em contrapartida à discricionariedade vigente no sistema anterior (NUCCI, 2018, p. 353[21]).

Juventude demonstra não ocorrer constrangimento ilegal, única hipótese que autorizaria a concessão da ordem, pois a internação imposta ao paciente, além de atender às garantias constitucionais da ampla defesa, do contraditório, do devido processo legal e da excepcionalidade, respeitou a condição peculiar de pessoa em desenvolvimento ao destacar a gravidade do ato infracional e os elementos de prova que justificaram a opção do magistrado pela medida extrema".

21"A legislação anterior (Código de Menores de 1979) era considerada não só paternalista como arbitrária para efeito de aplicar medidas restritivas aos menores de 18 anos, a pretexto de protegê-los. Muito se lutou para, ao menos, equiparar o menor de 18 anos ao adulto para os fins de defesa".

Outra alteração relevante às legislações anteriores diz respeito à defesa do adolescente, que deixou de ser prestada pela figura do Curador do Menor, a quem, ao mesmo tempo, também exercia o papel da acusação, passando a ser exercida por um advogado, conforme prescreve o art. 111, inc. III, ECA.

Criou-se ainda no sistema infracional, tanto por meio do Estatuto quanto do SINASE, a par dos princípios já existentes afetos à restrição da liberdade no âmbito da responsabilização pelo cometimento de ilícitos penais, um catálogo de princípios próprios a serem observados quando da imposição e execução da medida socioeducativa ao adolescente em conflito com a Lei, como forma de que lhe seja imposta a medida socioeducativa mais adequada, tomando-se em conta aspectos subjetivos do próprio adolescente e do seu ambiente sociofamiliar.

As inovações jurídicas trazidas pelo ECA, voltadas à proteção de crianças e adolescentes, seja por situação de risco ou pelo cometimento de infração à Lei penal, fez com que viesse a ser sedimentado ao longo do tempo entre juízes e Tribunais o entendimento de que, por ser o Estatuto detentor de regras próprias, protetivas e específicas, voltadas ao público infantojuvenil, suas regras seriam, presumidamente, mais garantistas, portanto, induzindo a ideia de ser desnecessária a observância e aplicação de quaisquer outras normas processuais aos procedimentos de apuração de ato infracional.

Contudo, percebe-se que, em verdade, no plano dos direitos e garantias processuais, o Estatuto, embora tenha inovado ao trazer alguns institutos jurídicos próprios ao ordenamento, sobretudo na seara da responsabilização do adolescente pelo cometimento de ilícito de natureza penal, limitou-se a replicar majoritariamente em seu conteúdo os direitos e garantias processuais previstas na CF e já em vigor e inerentes aos processos penais dos adultos (CPP).

Da característica legislativa exposta, pode-se extrair, implicitamente, o entendimento de que eventuais direitos e garantias que posteriormente viessem a ser previstos nos processos para responsabilização penal dos maiores e desde que mais benéficos, também deveriam ser replicadas aos processos dos menores, regidos pelo ECA.

O referido entendimento fica ainda mais perceptível a partir dos enunciados dos caputs dos arts. 3º e 152 do Estatuto, que prescrevem, respectivamente a extensão de todos os direitos humanos ao público infantojuvenil, sem prejuízo àqueles afetos à proteção integral; e que as regras processuais às ações nele previstas seguiriam subsidiariamente as regras do código processual da matéria em julgamento, onde, aplicar-se-ia o CPP às ações inerentes à apuração de responsabilidade pela prática de ilícito penal ou análogo e, o CPC às demais ações.

Em resumo, tem-se que o ECA, embora elaborado com base na Doutrina da Proteção Integral, conferindo uma gama de direitos e garantias a crianças e adolescentes, destinados a atender características específicas desse público por meio de um Estatuto próprio, não deve ser entendido como sendo a única fonte de direitos e garantias a eles previstas, sob pena de serem-lhe conferidos menos direitos do que aqueles que lhes seriam previstos se maiores fossem.

2.2 Catálogo de princípios específicos do sistema socioeducativo/infracional, norteadores da aplicação das normas de regência.

Evoluindo na concepção sobre a figura do adolescente em conflito com a Lei, percebendo-o não apenas como um sujeito de intervenção em que ao Estado cabia aplicar medidas corretivas como bem entendesse, o Sistema Jurídico Infantojuvenil, ao lhe enxergar como sujeito de direitos, passou a prever que eventuais medidas a serem-lhe impostas deveriam ser regidas por regras revestidas de princípios que garantissem, a par dos direitos humanos, o asseguramento de alguns direitos específicos inerentes às características próprias desse público.

Com base nisso, a imposição de medidas deixou de corresponder a um ou alguns poucos critérios de análises, passando a se exigir do magistrado buscar dentre as medidas socioeducativas previstas em rol taxativo, qual ou quais delas, isoladas ou cumulativamente, seriam mais adequadas ao infrator, levando-se em conta a sua capacidade de cumpri-la e as circunstâncias e a gravidade da infração, conforme preconizam o art. 227, §3º, V da CF c/c arts. 112, §1º, e 122, §2º, ECA.

Atrelados aos referidos dispositivos se encontram os princípios da brevidade, excepcionalidade e do respeito à condição peculiar de pessoa em desenvolvimento, formando um conjunto de diretrizes a ser observado quando da aplicação da medida socioeducativa, a fim de se impor aquela que seja mais adequada à realidade socioeducativa do adolescente infrator.

Ressalte-se que os dispositivos suprarreferidos não podem ser lidos isoladamente, haja vista a existência de uma real concessão e exigência constitucional do asseguramento de direitos aos menores em todos os âmbitos, para além daqueles previstos como garantias processuais no ECA, motivo pelo qual, ao dosar a medida a ser mais adequada ao adolescente, incumbe ao magistrado observar também outros princípios que constituem o arcabouço principiológico, voltado à proteção do adolescente infrator e de seus direitos mínimos.

Nesta toada, pode-se citar os princípios da intervenção mínima, individualização e proporcionalidade da medida, legalidade e busca da reintegração sociofamiliar.

No tocante ao princípio da reintegração sociofamiliar, tem-se que o referido princípio passou a ser previsto como uma das finalidades das medidas a serem impostas ao adolescente em conflito com a lei a partir do Código de Menores de 1979, sendo mantido no atual sistema jurídico infantojuvenil, indicando ser esse o principal objetivo do sistema de justiça infantojuvenil (STF[22]).

Já quanto ao princípio da intervenção mínima, o qual, aduz que as medidas judiciais devem ser aplicadas apenas quando estritamente necessárias e em conformidade com as circunstâncias de fato, embora esteja previsto no ECA no capítulo alusivo às medidas de proteção ao menor em situação de risco, por violação a seus direitos fundamentais, sua aplicação na seara infracional tem fundamento nas regras mínimas de Beijing, abarcada pela Convenção da ONU sobre Direitos da Criança e do Adolescente (Nova Iorque, 1989), internalizada ao ordenamento jurídico pelo Decreto n.º 99.710/90.

Os princípios da individualização e proporcionalidade da medida complementam o princípio da intervenção mínima, ao passo que expressam a busca efetiva pela fixação de uma medida estritamente necessária e adequada, a ser aferida com base nas circunstâncias pessoais do infrator e do ambiente sociofamiliar em que esteja inserido, e desde que seja a medida proporcional ao ilícito por ele praticado, observado que seja a medida suficiente à prevenção e à repressão ao ilícito, e à formação socioeducativa do adolescente.

Derivado tanto do princípio da reintegração sociofamiliar, quanto

---

22"O art. 120 da Lei 8.069/1990 garante a realização de atividades externas independentemente de autorização judicial. O Estado tem o dever de assegurar à criança e ao adolescente o direito à convivência familiar (art. 227, caput, da Constituição do Brasil). O objetivo maior da Lei 8.069/1990 é a proteção integral à criança e ao adolescente, aí compreendida a participação na vida familiar e comunitária. Restrições a essas garantias somente são possíveis em situações extremas, decretadas com cautela em decisões fundamentadas, o que no caso não se dá".

da intervenção mínima, há o princípio da busca pela promoção da justiça restaurativa no âmbito infracional (PENIDO; TERRA; RODRIGUEZ, 2013[23]).

Como exemplo de aplicabilidade do referido princípio, pode-se citar a previsão de medidas socioeducativas de obrigação de reparar o dano ou compensar o prejuízo da vítima e de prestação de serviços à comunidade, hipótese na qual o adolescente prestará serviços gratuitos e de interesse da coletividade a qual pertence, conforme se verifica dos incs. II e III do art. 112 do ECA, sem prejuízo de inseri-lo em programas de proteção, impondo-lhe medidas voltadas a sua reinclusão no âmbito comunitário (art. 101 c/c art. 112, VI, ECA).

Por fim, mas sem esgotar o arcabouço de princípios, tem-se os princípios da proteção integral e da legalidade, previstos no art. 227, caput da CF e no art. 35, I do SINASE e nas Regras de Beijing e no Enunciado 56 das Diretrizes de Riad, sendo os referidos princípios aqueles que estampam a busca pela observância ao devido processo legal no âmbito do sistema infracional infantojuvenil sempre mais protetivo em favor de adolescentes em conflito com a Lei.

Esse catálogo de princípios constitui baliza fundamental do sistema jurídico infracional infantojuvenil, não havendo margem discricionária para

---

23 "Na Justiça Restaurativa, são construídos encontros embasados em processos dialógicos e inclusivos, fundados na autonomia da vontade e na participação das partes afetadas por um delito ou um conflito, onde, de modo coletivo, elas podem lidar com suas causas e consequências, buscando atender as necessidades de todos os envolvidos e suas implicações para o futuro. Podemos destacar as seguintes características do modelo restaurativo: (a) o olhar é para o futuro; (b) por meio de um processo dialógico e inclusivo, busca-se esclarecer as responsabilidades dos envolvidos, e realizar planos de ação que possam evitar nova recaída na situação conflitiva; (c) a vítima (diretamente atingida) e aqueles que indiretamente foram também afetados, são ouvidos em suas necessidades atuais; (d) busca-se refletir sobre a responsabilidade do ofensor, e de todos diretamente atingidos, onde cada qual se conscientiza de como foi afetado e de como sua ação afetou o outro; (e) a responsabilização se faz de modo ativo (através de dinâmicas ordenadas de comunicação), na qual a reparação ou os planos de ações são escolhidos a partir do entendimento de toda a situação".

o magistrado ignorá-lo, sob pena de, em assim fazendo, gerar a nulidade do processo e mesmo da medida que venha a ser imposta ao adolescente, quer seja porque o procedimento feriu o devido processo legal substancial, quer seja em razão de a medida imposta não constituir a mais adequada com base nos princípios norteadores da dosimetria a ser realizada quando da imposição de medidas, especialmente, aquelas voltadas à socioeducação.

2.3 Institutos processuais previstos no Estatuto mais garantistas do que aqueles previstos nas normas processuais penais comuns/ordinárias.

Quando de sua implementação, conforme exposto no tópico anterior, o Estatuto e as demais normas surgidas a partir dele e que formam o arcabouço jurídico do sistema infantojuvenil previu, sob o postulado do princípio da dignidade da pessoa humana e das especificidades do público por ele abrangido, alguns direitos individuais e garantias processuais mais benéficos ao adolescente em conflito com a Lei do que aqueles previstos aos maiores no âmbito do processo penal.

Iniciando pela gênese dos procedimentos infracionais, ou seja, a partir da apreensão do adolescente a quem se impute o cometimento de ato infracional, o Estatuto, não diferente das normas menoristas anteriores, manteve a obrigatoriedade de, a quem a procedesse, o dever de apresentar o adolescente, imediatamente, à autoridade competente.

Ocorre que, a partir da forma em que venha a ocorrer a apreensão do adolescente é que se vai definir qual a autoridade competente a conhecer imediatamente de sua situação, sendo essa a diferença entre o ECA e as normas menoristas anteriores que, indistintamente, atribuíam a referida competência sempre ao Juiz de Menores.

Em primeira hipótese, prevista no art. 171 do ECA, decorrendo a apreensão do adolescente do cumprimento de ordem judicial, deve sê-lo imediatamente apresentado à autoridade judicial de onde emanou a ordem.

Em segunda hipótese, decorrendo a apreensão do adolescente de ter sido flagranteado no cometimento de ato infracional, passou a haver a submissão do apreendido a duas possibilidades jurídicas, ressalte-se, mais benéficas ao adolescente do que aquelas então previstas ao maior.

A primeira, nos casos em que não seja imputada a prática de infração grave ao adolescente apreendido e desde que não estejam presentes outras circunstâncias que autorizem a internação provisória, o Estatuto previu que basta a apresentação do adolescente à autoridade policial, a quem incumbirá, após as formalidades legais, prontamente, liberá-lo e entregá-lo aos seus pais, mediante termo de compromisso e responsabilidade para comparecerem perante as demais autoridades a fim de possibilitar o deslinde de eventual ação socioeducativa que venha a ser oferecida em seu desfavor (art. 174, ECA). Ressalte-se que, em qualquer caso, a liberação do adolescente prescinde de fiança, ao contrário do que prevê o sistema penal ordinário (CPP, arts. 319, VII, 321 e 327).

A segunda, no caso de apreensão em flagrante pelo cometimento de infração de natureza grave e que gere relevante repercussão social, o Estatuto previu à autoridade policial o dever de manter o adolescente apreendido para garantir-lhe a segurança pessoal ou assegurar a manutenção da ordem pública e, por conseguinte, apresentá-lo imediatamente ao representante do Ministério Público a quem incumbe o dever de ouvi-lo a fim de obter informações que possam possibilitar ser concedido ao adolescente outras medidas distintas do oferecimento de representação para instauração do procedimento de apuração de ato infracional.

Ao se determinar à autoridade policial a imediata apresentação do adolescente apreendido ao Juiz, nas hipóteses em que a apreensão advém de cumprimento a ordem judicial, ou ao promotor de justiça, nas hipóteses em que a apreensão é resultado da flagrância do cometimento de ato infracional grave, o Estatuto buscou não apenas dar celeridade ao procedimento para apuração de ato infracional, mas também, em melhor análise, assegurar que haja a revisão dos atos praticados pela autoridade policial por outras autoridades distintas, como forma de buscar reprimir eventuais abusos cometidos em detrimento dos direitos fundamentais do adolescente quando da apreensão.

Pela sistemática exposta, percebe-se que o Estatuto Infantojuvenil preconiza institutos jurídicos que, no âmbito do processo penal ordinário equivale à audiência de custódia, ato processual, atualmente, atribuído à figura do juiz das garantias.

Neste sentido, pode-se dizer que o Estatuto foi, no mínimo, um precursor dessas figuras jurídicas no âmbito interno, haja vista que as audiências de custódia, só vieram a ser implementadas aos adultos a partir da Resolução n.º 213/2015, CNJ[24], lembrando que, quando de sua implementação, eram restritas aos casos de prisão em flagrante, só vindo a ser aplicada às demais espécies de prisão, inclusive por ordem judicial, após reiteradas decisões do STF (Habeas Corpus n.º 188.888; Reclamação n.º 29.303[25]) sobre o tema, e com a subsequente alteração legislativa neste

---

24Dispõe sobre a apresentação de toda pessoa presa à autoridade judicial no prazo de 24 horas.

25"A audiência de custódia (ou de apresentação) constitui direito público subjetivo, de caráter fundamental, assegurado por convenções internacionais de direitos humanos a que o Estado brasileiro aderiu, já incorporadas ao direito positivo interno (Convenção Americana de Direitos Humanos e Pacto Internacional sobre Direitos Civis e Políticos). Traduz prerrogativa não suprimível assegurada a qualquer pessoa. Sua imprescindibilidade tem o beneplácito do magistério jurisprudencial (ADPF 347 MC) e do ordenamento positivo doméstico (Lei nº 13.964/2019 e Resolução 213/2015 do CNJ)".

"A audiência de apresentação ou de custódia, seja qual for a modalidade de prisão,

sentido.

O mesmo pode-se dizer da figura do juiz das garantias, trazido à seara processual penal pela Lei n.º 13.964/19 (Pacote Anticrime), que acrescentou ao CPP os arts. 3º-A e 3º-F, e cuja aplicabilidade se encontra em estágio de implementação na seara processual penal, segundo diretrizes fixadas pelo STF no julgamento da ADI n.º 6.298[26].

____

configura instrumento relevante para a pronta aferição de circunstâncias pessoais do preso, as quais podem desbordar do fato tido como ilícito e produzir repercussão na imposição ou no modo de implementação da medida menos gravosa. 8. Reclamação julgada procedente, para determinar que se realize, no prazo de 24 horas, audiência de custódia em todas as modalidades prisionais, inclusive prisões temporárias, preventivas e definitivas".

26 (...) (a) O juiz das garantias, embora formalmente concebido pela lei como norma processual geral, altera materialmente a divisão e a organização de serviços judiciários em nível tal que enseja completa reorganização da justiça criminal do país, de sorte que inafastável considerar que os artigos 3º-A ao 3º-F demandam compatibilização das diversas normas de organização judiciária locais. (b) O juízo das garantias e sua implementação causam impacto financeiro relevante ao Poder Judiciário, especialmente com as necessárias reestruturações e redistribuições de recursos humanos e materiais, bem como com o incremento dos sistemas processuais e das soluções de tecnologia da informação correlatas, a exigir a adaptação das diversas leis de organização judiciária das justiças federal e estaduais.   (c) A criação obrigatória dos juízos de garantias, obrigando sua implementação em todas as unidades judiciárias do país, no prazo de 30 dias, analisada sob o ângulo da iniciativa legislativa privativa do Judiciário para dispor sobre normas de organização judiciária, bem como das competências legislativas das unidades federadas, previstas na Constituição, não incorreu em inconstitucionalidade formal. Ressalva do voto do Relator, que entendia aplicável, ao caso, a necessidade de adequação do novo instituto à natureza de norma-quadro, nos moldes adotados, pelo Congresso Nacional, para as Varas de Violência Doméstica (Lei 11.340/2006), restando vencido, no ponto da inconstitucionalidade formal. (d) Reconhecida a manifesta irrazoabilidade da vacatio legis de 30 dias para a implementação da medida em todo o território nacional, composto majoritariamente por localidades dotadas de varas únicas. Realidades locais absolutamente desconsideradas pelo texto normativo, conforme se verifica das manifestações de todos os 27 Tribunais de Justiça juntadas aos autos. (e) Todas as Cortes estaduais de justiça do país são uníssonas em afirmar que haverá elevação de custos e gastos anuais, ante a necessidade de criação de novas varas, de realização de concursos públicos para ingresso de magistrados e de servidores públicos. Afirmam que suas respectivas organizações judiciárias precisarão ser alteradas mediante lei estadual e que a elevação dos gastos com pessoal deverá ser previamente aprovada pelas Assembleias Legislativas. (f) De acordo com o Relatório "Justiça em números", publicado pelo Conselho Nacional de Justiça (CNJ) em 2022, há no Brasil, atualmente, mais de 7.500.000 (sete milhões e quinhentos mil) processos criminais em andamento (não-contabilizadas as

Realizada a apreensão e não sendo o caso de liberação do adolescente pela autoridade policial ou pelo MP, passa-se à análise de cabimento da decretação da medida cautelar de internação provisória (art. 174, final, ECA).

A partir do ECA, a decretação da internação provisória, instituto análogo à prisão preventiva prevista no art. 312 do CPP (NUCCI, 2018, p. 367[27]), passou a ter prazo determinado, sem possibilidade de prorrogação, constituindo crime a extrapolação (STJ[28]), ou seja, diferentemente das legislações menoristas anteriores e do processo penal, ora vigente, não se admite a decretação da referida medida por tempo indeterminado.

Outra situação prevista no ECA mais benéfica que a equivalente prevista na seara penal ordinária, diz respeito ao momento para o cabimento da imposição da medida cautelar de internação provisória.

---

execuções penais). Destes, em torno de 2.200.000 (dois milhões e duzentos mil) são casos novos. (g) Se imediatamente aplicadas as regras atinentes aos juízes de garantias, seriam fatalmente paralisadas cerca de 5 milhões de ações penais, até que os diversos Estados se reorganizassem e propiciassem a separação da competência dos juízes criminais. (h) Diante da potencial paralisação de todas as ações penais em curso no país e da inviabilização da prestação jurisdicional, deve ser concedido prazo de 12 meses, prorrogável por mais 12 meses, para que sejam adotadas as medidas legislativas e administrativas necessárias à adequação das diferentes leis de organização judiciária, à efetiva implantação e ao efetivo funcionamento do juiz das garantias em todo o país, tudo conforme as diretrizes do Conselho Nacional de Justiça e sob a supervisão dele. (i) Consequentemente, ratificada a necessidade das medidas cautelares anteriormente concedidas, deve ser declarada a inconstitucionalidade parcial, por arrastamento, do art. 20 da Lei 13.964/2019, quanto à fixação do prazo de 30 dias para a instalação dos juízes das garantias.

27 "[...] assemelha-se à prisão preventiva do processo-crime do maior de 18 anos. Por uma questão de garantia ao adolescente, devem-se respeitar os requisitos do art. 174 desta Lei, que equivalem à garantia da ordem pública do art. 312 do Código de Processo Penal para checar se há – ou não – necessidade de se impor a internação provisória, de natureza nitidamente cautelar, que ocorre antes da sentença. Voltaremos ao tema nos comentários ao art. 174".

28 "Segundo a jurisprudência desta Corte, a internação provisória do menor não pode extrapolar o prazo de quarenta e cinco dias estabelecido pelo artigo 108 do Estatuto da Criança e do Adolescente".

Há relevante discussão sobre qual seria o momento legalmente adequado para o cabimento da decretação de internação provisória, se seria cabível antes do recebimento da inicial representativa, ou só a partir desse momento, haja vista a obscuridade, neste sentido, no texto do art. 171 do ECA.

Em linhas gerais e de acordo com a proposta do Estatuto de se pretender conferir maiores garantias ao adolescente a quem se imputa a prática de ato infracional, que aquelas previstas na legislação penal ordinária (*ratio legis*), deve-se fazer uma interpretação racional/lógica do art. 171 do ECA, e sistemática com o que prevê o art. 184, desse modo, chegando-se à conclusão de que, embora o ECA preveja a possibilidade de decretação de internação provisória, o referido ato só será cabível a partir do recebimento da representação, sendo esse o entendimento majoritário da doutrina especializada (NUCCI, 2018, p. 548[29]).

---

[29]"Apreensão em razão de ordem judicial: de regra, o menor pode ser apreendido por ordem judicial nos seguintes casos: (I) internação provisória decretada quando do recebimento da representação do Ministério Público; (II) apreensão do menor após fuga; (III) apreensão do menor que se encontrava em lugar incerto ou não sabido; (IV) apreensão em razão de procedência da representação que imponha ao menor medida socioeducativa de internação. Pode, inclusive, em qualquer caso, representar pela internação provisória do adolescente. Nessa hipótese, ouve-se o Ministério Público, mas o juiz somente pode decretar a internação se houver representação. Não há cabimento em se transformar a internação provisória num arremedo de prisão temporária, que somente é deferida durante a investigação policial; nem mesmo se pode igualar a internação provisória à prisão preventiva, já que esta admite a decretação antes do oferecimento da denúncia. Considerando-se a excepcionalidade absoluta da internação provisória, se há prova suficiente da materialidade e indícios suficientes de autoria, certamente existem para a representação; assim sendo, ofertada esta, poderá caber a internação cautelar. Entretanto, inexiste fundamento para internar o adolescente, sem o concomitante oferecimento da representação. Jurandir Norberto Marçura, adotando posição contrária à possibilidade de expedição de ordem judicial ainda na fase policial, ensina que: A apreensão por ordem judicial pressupõe a existência de procedimento em curso podendo verificar-se em três hipóteses: a) provisoriamente, após o oferecimento da representação (art. 184); b) na sentença que aplicar medida de internação ou regime de semiliberdade (art. 190); e c) a qualquer momento, entre o oferecimento da representação e o efetivo cumprimento da medida de internação ou regime de semiliberdade, verificada a evasão do adolescente. Em outra senda, encontra-se a argumentação de Wilson Donizeti Liberati: Como os procedimentos regulados pelo Estatuto seguirão, subsidiariamente, os previstos

Ocorre que há precedente do STJ (HC n. 193.614/RJ[30]) em que se admite a decretação da internação provisória antes do recebimento da representação e, seguindo o referido entendimento, foi elaborado o Enunciado n.º 02 do FONAJUV[31].

Outra inovação processual própria do sistema normativo infracional e concebida a partir da dinâmica procedimental exposta, foi o instituto despenalizador da Remissão, seja como forma de exclusão do processo, ou como forma de extinção ou suspensão do processo.

A remissão como forma de exclusão do processo, própria ou imprópria (STF, Recurso Extraordinário n.º 229.382/SP[32]), instituto jurídico

---

na legislação processual, civil ou penal, nos termos do art. 152, as normas referentes à segregação preventiva, definidas nos arts. 311 e 313 do CPP deverão ser observadas pelo Juiz da Infância e da Juventude, nos casos em que couber sua aplicação. Referendando os entendimentos acima se alinham, quanto ao primeiro, Tarcísio José Martins Costa e ao segundo, João Batista Costa Saraiva. A interpretação que se apresenta em maior consonância com a sistemática socioeducativa é aquela que pressupõe procedimento judicial em curso para a expedição de ordem pela autoridade judiciária com o fim de apreensão do adolescente. Isso porque não se faz possível a aplicação subsidiária do Código de Processo Penal neste particular, uma vez que o ECA delineou o preciso momento a partir do qual a autoridade judiciária pode determinar a internação provisória, o fazendo exclusivamente no art. 184, caput, c/c o art. 108 e seu parágrafo único. (p. 813/814)".

30"A representação do Ministério Público não é pressuposto para a expedição de busca e apreensão de menor, o decreto de internação provisória pode acontecer antes desse ato. 2. A decisão que decreta a internação antes da sentença deve demonstrar não só os indícios suficientes de autoria e a materialidade da infração, mas também as razões da inevitável medida extrema e emergencial".

31Enunciado 02: Excepcionalmente, é possível a decretação da internação provisória pré-processual a requerimento da autoridade policial ou do Ministério Público, respeitado o prazo máximo de 45 dias para conclusão do processo.

32"Embora sem respeitar o disposto no art. 97 da Constituição, o acórdão recorrido deu expressamente pela inconstitucionalidade parcial do art. 127 do ECA, que autoriza a acumulação da remissão com a aplicação de medida socioeducativa. Constitucionalidade dessa norma, porquanto, em face das características especiais do sistema de proteção ao adolescente implantado pela Lei 8.069/1990, que mesmo no procedimento judicial para a apuração do ato infracional, como o próprio aresto recorrido reconhece, não se tem em vista a imposição de pena criminal ao adolescente infrator, mas a aplicação de medida de com natureza despenalizadora, tem cabimento na fase pré-processual (art. 126, caput, ECA), e ao Ministério Público é atribuída a legitimidade para concedê-la (art. 201, I, ECA). Tem por finalidade evitar a instauração de processos para apuração de ato infracional nas hipóteses em que assim indiquem favoravelmente às circunstâncias e consequências do fato, ao contexto social, bem como à personalidade do adolescente e sua maior ou menor participação no ato infracional.

Quanto à remissão como forma de extinção ou suspensão do processo, é do Juiz da Infância e Juventude a competência para propor e conceder os referidos institutos ao adolescente em conflito com a Lei (art. 148, II, ECA), todavia, diversamente da remissão como forma de exclusão do processo, o momento para o oferecimento se dá a partir da fase processual, ou seja, após a decisão de admissibilidade da peça acusatória (Representação), sendo as hipóteses de cabimento as mesmas previstas para a proposta de remissão como forma de exclusão do processo pelo membro

---

caráter sociopedagógico para fins de orientação e de reeducação, sendo que, em se tratando de remissão com aplicação de uma dessas medidas, ela se despe de qualquer característica de pena, porque não exige o reconhecimento ou a comprovação da responsabilidade, não prevalece para efeito de antecedentes, e não se admite a de medida dessa natureza que implique privação parcial ou total da liberdade, razão por que pode o juiz, no curso do procedimento judicial, aplicá-la, para suspendê-lo ou extingui-lo (art. 188 do ECA), em qualquer momento antes da sentença, e, portanto, antes de ter necessariamente por comprovadas a apuração da autoria e a materialidade do ato infracional".

"O acórdão recorrido declarou a inconstitucionalidade do art. 127, in fine, da Lei 8.069/1990 (ECA), por entender que não é possível cumular a remissão concedida pelo Ministério Público, antes de iniciado o procedimento judicial para apuração de ato infracional, com a aplicação de medida socioeducativa. A medida socioeducativa foi imposta pela autoridade judicial, logo não fere o devido processo legal. A medida de advertência tem caráter pedagógico, de orientação ao menor e em tudo se harmoniza com o escopo que inspirou o sistema instituído pelo ECA. A remissão pré-processual concedida pelo Ministério Público, antes mesmo de se iniciar o procedimento no qual seria apurada a responsabilidade, não é incompatível com a imposição de medida socioeducativa de advertência, porquanto não possui este caráter de penalidade. Ademais, a imposição de tal medida não prevalece para fins de antecedentes e não pressupõe a apuração de responsabilidade".

ministerial.

Por sua natureza, sistemática e momento para concessão, pode-se conceber os referidos institutos como sendo precursores das normas despenalizadoras subsequentemente previstas aos maiores, haja vista a analogia ontológica entre os referidos institutos, a transação penal e a suspensão condicional do processo (*Sursis* Processual), previstos na Lei 9.099/95.

Como se verifica, o Estatuto, de fato, busca promover um processo socioeducativo/infracional mais pautado na observância a direitos e garantias de adolescentes em conflito com a Lei, inovando e inspirando a ordem jurídica por meio do implemento de instrumentos que visam promover a regularidade de eventuais apreensões a serem realizadas em desfavor desse público, e que sejam despenalizadores, evitando o trâmite de procedimentos em que, à luz do caso concreto, a imposição de medidas socioeducativas não tenha o potencial de atingir a finalidade almejada.

Contudo, conforme pretende-se demonstrar, restringir o alcance dos referidos objetivos ao que dispõe as normas exclusivamente menoristas, desconsiderando a possibilidade de se conferir ao adolescente em conflito com a lei direitos e garantias processuais mais benéficas que as previstas no Estatuto, pode resultar exatamente no contrário, ou seja, em violação a direitos e garantias fundamentais que ao referido público também devem ser conferidos, haja vista que assim os seriam se maiores fossem.

CAPÍTULO III – INTEGRAÇÃO DO SISTEMA DE GARANTIAS SOCIOEDUCATIVAS AO ARCABOUÇO NORMATIVO CONSTITUTIVO DO DEVIDO PROCESSO LEGAL SUBSTANCIAL

3.1 Conceitos gerais sobre o devido processo legal (formal e substancial) e o sistema de garantias processuais como forma de proteção à dignidade humana.

Remonta à Carta Magna elaborada pelos Barões e assinada pelo Rei Inglês, João Sem-Terra, em 1215, a concepção de que para que se prive os cidadãos de seus bens ou de sua liberdade se faz necessária a prévia existência de lei (princípio da legalidade) e de posterior julgamento justo por seus pares (devido processo legal).

A referida norma foi elaborada em razão dos arbítrios do Estado em face da liberdade e do patrimônio dos cidadãos, o qual, até a vigência e fiel cumprimento daquela norma, intervinha discricionariamente sob esses objetos, apenas pautado na vontade do soberano.

A Constituição Federal de 1988 previu expressamente a referida acepção no âmbito dos direitos individuais e das garantias fundamentais a todos aqueles que venham ser submetidos à justiça brasileira ou sua administração (art. 5º, XXXIX e LIV) – eficácia vertical dos direitos fundamentais.

O STF (RE 201.819/RJ[33]), recentemente, estendeu a garantia do

---

33 "Sociedade civil sem fins lucrativos. Entidade que integra espaço público, ainda que não estatal. Atividade de caráter público. Exclusão de sócio sem garantia do devido processo legal. Aplicação direta dos direitos fundamentais à ampla defesa e ao contraditório".

devido processo legal (*due processo of law*) ao plano das relações privadas, situação jurídica essa a qual a doutrina e a própria jurisprudencial têm nominado de eficácia horizontal dos direitos fundamentais.

No plano formal, pode-se definir o devido processo legal como sendo o asseguramento de tratamento isonômico entre as partes processuais, por meio do fiel cumprimento de regras voltadas a conferir-lhes a oportunidade de expor suas razões e prová-las em contraditório (MORAES, 2017, p. 84[34]. AMIN; MACIEL, 2018, p. 542[35]).

O ordenamento nacional prevê a necessidade de estarem presentes os referidos elementos para que se tenha caracterizado o devido processo legal, inserindo-os, do mesmo modo, como direitos individuais (art. 5º, caput e LV), tal qual o próprio direito que instrumentalizam.

No tocante ao contraditório, as normas dele extraídas, caracterizam-se como sendo aquelas em que se busca efetivar o direito à prévia participação e influência da parte à decisão judicial, enquanto que as normas inerentes a conferir tratamento isonômico são aquelas que buscam garantir paridade na relação processual entre as partes e, sobre essas últimas, importa fazer algumas observações.

Em uma relação de igualdade, em que as partes envolvidas no processo têm os mesmos privilégios e garantias, desnecessário um plus

---

34"O devido processo legal configura dupla proteção ao indivíduo, atuando tanto no âmbito material de proteção ao direito de liberdade, quanto no âmbito formal, ao assegurar-lhe paridade total de condições com o Estado-persecutor e plenitude de defesa (direito a defesa técnica, à publicidade do processo, à citação, de produção ampla de provas, de ser processado e julgado pelo juiz competente, aos recursos, à decisão imutável, à revisão criminal)".

35"Não basta, para que se tenha um processo justo, que seja garantido o contraditório se este não o for de forma isonômica, bem como não basta que a igualdade seja assegurada, se as partes não puderem participar de forma efetiva dos atos processuais. Para que seja assegurado o devido processo legal, necessária a presença das duas garantias constitucionais".

normativo que confira, *primae facie*, um viés mais protetivo ou garantista a uma do que à outra, todavia, numa relação em que há predominante sobreposição de uma em face da outra, por questões econômicas, políticas ou institucionais, necessária a concessão de proteção normativa extra àquele em situação inferior, a fim de assegurar a devida paridade.

A proteção normativa ou concessão de garantia extra tem fundamento não apenas na observância ao devido processo legal como se esse princípio fosse uma construção jurídica voltada para si mesmo, mas, essencialmente, no princípio do qual esse princípio é extraído, em verdade, de um supraprincípio, a dignidade da pessoa humana, previsto no ordenamento jurídico brasileiro, inclusive, como fundamento da Nação (art. 1º, III, CF/88).

Originam-se do referido supraprincípio direitos individuais invioláveis, tais como o direito à vida, liberdade, privacidade, intimidade, honra, e imagem dos indivíduos, conforme previsto no art. 5º, X do texto constitucional e, em razão da previsão de inviolabilidade a esses direitos, são previstos mecanismos com vistas a conferir-lhes proteção, como é o caso da previsão do devido processo legal.

Assim, pode-se definir o devido processo legal como sendo o conjunto de instrumentos ou de garantias constitucionais e legais pelo qual é assegurada a dignidade humana aos sujeitos em uma relação processual.

Essa definição ganha especial relevância nos casos em que há configurada desigualdade entre as partes em processo, haja vista que, em uma relação de desigualdade processual os direitos individuais daquele em situação inferior ficam mais vulneráveis, logo, propícios à intervenção arbitrária, pelo que, a fim de conferir a proteção que a Constituição exige a esses direitos, a legislação processual deve, além de estabelecer normas que confiram maiores proteções aos direitos individuais daquele em situação de inferioridade, impor à parte em superioridade, maiores ônus processuais para obter ou se defender do direito pretendido.

É o que ocorre, p. ex. nas ações em que o Estado é parte em face de um indivíduo, hipótese em que é configurada notória situação de desigualdade entre as partes, haja vista se tratar o Estado de um verdadeiro Leviatã, como assim já definido por Thomas Hobbes (SILVA, 2008[36]), por ser possuidor de estruturas compostas por vários órgãos especializados, além de deter fácil acesso à informações reservadas de toda coletividade, sendo, por isso, dotado de substanciais mecanismos propícios a intervir no direito alheio.

Especialmente na seara processual sancionatória, hipótese em que o Estado, regra, detém o monopólio da força e do direito de punir (*jus puniendi*), em razão do exposto, fazem-se necessárias à formulação de Leis voltadas a proteger os supracitados direitos constitucionais invioláveis do indivíduo, cumulada com a imposição ao Estado do ônus de promover o papel acusatório observando regras rígidas para produção dos elementos de prova pelos quais pretende defender o direito que persegue.

As premissas expostas, relativas à conceituação de um devido processo legal formado pela concessão de tratamento isonômico e asseguramento do exercício de contraditório pelas partes, como meio de se proteger direitos individuais oriundos do supraprincípio da dignidade da pessoa humana, devem ser observadas pelo legislador ao elaborar as Leis

---

36"O nome da obra, Leviatã, faz referência ao monstro bíblico, também referido por outras culturas, que é representado de várias formas ao longo do tempo e que seria uma das criaturas mais temíveis e poderosas do mundo. [...] Cumpre lembrar que a referência ao Leviatã bíblico, monstro retratado como sendo de proporções homéricas e poderes gigantescos se encaixa muito bem como metáfora do poder absoluto dos reis do início da Idade Moderna e da Monarquia como regime de governo que tudo controla e em todos os campos atua. O livro em si é uma análise apurada do momento político inglês, principalmente do governo de Oliver Cromwell, que assumiu o poder na Inglaterra após graves crises e conflitos e o exerceu com mãos de ferro, dando a Hobbes uma clara noção de seu Leviatã".

processuais, sob pena de a inobservância resultar na invalidade da norma.

Em análise às normas infraconstitucionais processuais, verifica-se que a previsão constitucional de proteção aos direitos individuais com base na observância do devido processo legal as irradiou, como se verifica, p. ex., no art. 7º do CPC e art. 155, do CPP.

Relativamente às normas processuais regentes das ações sancionatórias, constituídas sob a égide do devido processo legal, podem-se citar, nominalmente, as seguintes garantias: o juízo natural; promotor natural; juiz das garantias; concessão igualitária dos prazos processuais; interrogatório do acusado como último ato da instrução, etc.

Ressalte-se que no sistema processual do ECA não foi diferente, como já exposto em capítulos anteriores, haja vista ter o legislador inserido expressamente o devido processo legal como garantia a ser conferida ao adolescente em conflito com a lei (art. 110), importando a violação em nulidade do processo e, consequentemente, das medidas dele resultantes em detrimento da liberdade do adolescente.

Saliente-se que a mera previsão constitucional e legal (*formal/objective due process of law*) requer que, de fato, tenha sido assegurado às partes a referida garantia no âmbito processual (*material/substantive due process of law*) (AMIN; MACIEL, 2018, p. 538[37]), ou seja, não basta a observância estrita e meramente formal dessas garantias, têm de sê-las concretamente observadas e asseguradas.

Dizendo de outro modo, para que esteja configurado o devido processo legal substancial em uma relação processual, não é suficiente a observância e concessão de um direito de forma restrita ao plano das ideias

---

37"Assim, apesar de o direito e a doutrina brasileira terem adotado o princípio do devido processo legal em sua acepção processual, verifica-se, pelo teor do art. 5º, LIV, da Constituição Federal, que a concepção material é a que está assegurada".

(numênico), sem que realmente, este tenha sido concretamente assegurado às partes no mundo dos fatos (fenomênico).

Como exemplo da exigência de imposição há um devido processo legal substancial, pode-se citar o caso da parte assistida em processo pela Defensoria Pública, órgão essencialíssimo ao sistema de justiça, mas que na realidade brasileira, infelizmente, padece de uma estruturação adequada em favor dos trabalhos prestados pelos dignos Defensores Públicos.

Nesses casos, para se garantir o devido processo legal substancial, a própria legislação processual prevê não ser suficiente a intimação do órgão de defesa para se manifestar a respeito de determinada situação em processo, deve ser feita, além disso, a intimação da própria parte para tomar conhecimento das situações jurídicas apresentadas, a fim de poder exercer efetivamente o contraditório e a ampla defesa, de modo a possibilitá-la concretamente participar e influenciar nas decisões judiciais (arts. 7º, 185, §2º e 369 do CPC).

Cite-se ainda a concessão do prazo em dobro aos assistidos em processo pela Defensoria Pública, conforme previsto no art. 44, I da LC 80/94, situação a qual, *primo ictu oculi*, verifica-se violação formal ao princípio da paridade no âmbito processual, motivo pelo qual, teve contestada a sua constitucionalidade.

Ocorre que o STF (HC 70.514/RS[38]) declarou constitucional a referida previsão, sendo, portanto, válida a concessão do prazo em dobro conferido às partes assistidas pela Defensoria Pública para se manifestarem nos autos, ao fundamento de que, na realidade brasileira, em razão de o referido órgão de defesa sofrer insuficiência estrutural, lhe é devido o prazo

---

38"Não é de ser reconhecida a inconstitucionalidade do § 5º do artigo 5º da Lei 1.060, de 05.02.1950, acrescentado pela Lei 7.871, de 08.11.1989, no ponto em que confere prazo em dobro, para recurso, às Defensorias Públicas, ao menos até que sua organização, nos Estados, alcance o nível de organização do respectivo Ministério Público, que é a parte adversa, como órgão de acusação, no processo da ação penal pública".

diferenciado para opor manifestação nos autos, sobretudo a fim de defender interesses das partes por ela assistidos, geralmente, os mais necessitados.

A garantia de asseguramento ao devido processo legal substancial, em razão da forma em que deve ser observada, tende a ser preponderantemente dirigida aos operadores do direito, competindo a esses extrair do plano formal as normas inerentes à referida garantia, concebida pelo legislador, e aplicá-las aos casos concretos submetidos a sua atuação, sob pena de a inobservância gerar a nulidade dos atos que venham a ser por eles praticados, haja vista, em última análise, os referidos atos serem inerentes à própria dignidade humana.

3.2 Institutos processuais previstos nas normas processuais penais comuns/ordinárias mais garantistas do que aqueles previstos no Estatuto.

No Brasil, especialmente a partir da CF/88, oriunda de um uma concepção pós-positivista do direito[39], o sistema de garantias, formado por regras extraídas do fundamento da dignidade da pessoa humana, voltado a conferir direitos ao indivíduo submetido a processo que tenha o potencial de restringir sua liberdade, passou a ser consideravelmente valorado, tanto pelo legislador ordinário, quanto pelo poder judiciário.

Acrescente-se a relevante influência dos documentos internacionais sobre direitos humanos (DUHD, CADH, etc), como pilares para a construção de um sistema restritivo de liberdade do indivíduo pautado no dever de observância de garantias.

39Corrente jurídico-filosófica baseada na entendimento de que as leis devem ser, além de legítimas, MORALMENTE JUSTAS, baseadas em PRINCÍPIOS que as norteiem, sob o aspecto de preservação à DIGNIDADE HUMANA, a fim de evitar atrocidades.

A partir da ideia de se buscar formar um sistema penal garantista (NOVELLI, 2014, p. 01[40]), os instrumentos processuais e a ritualística passaram a ser alterados, a fim de se conferir maior proteção ao indivíduo, especialmente a sua liberdade, por meio da limitação do poder punitivo do Estado.

Inúmeras alterações no sistema jurídico-penal ordinário vêm sendo, tempos em tempos, realizadas em busca de se alcançar garantir direitos voltados à concepção exposta. A exemplo, como última alteração relevante, pode-se citar a Lei n.º 13.964/18 (Pacote Anticrime) que alterou substancialmente o Código Penal e o Código de Processo Penal nesse sentido.

Ocorre que iguais alterações, voltadas a conferir maior viés civilizatório ao direito sancionador, não foram promovidas no sistema de garantias processuais previstos no Estatuto da Criança e do Adolescente, motivo pelo qual, verifica-se, neste sentido, o descompasso existente entre o referido Estatuto e as normas de regência do sistema jurídico-penal ordinário, atualmente, em algumas hipóteses, mais garantista e, em razão disso, mais protetivo do que o próprio Estatuto.

Fatos como esses têm causado relevantes impactos na seara infracional, à medida que, ao se conferir menos garantias a adolescentes que aquelas previstas aos maiores em situação análoga, o Estado-Juiz passa a intervir com mais força e poderes sobre a liberdade do público infantojuvenil.

Como exemplo, pode-se citar o fato de Juízes e Tribunais, no

40"Assim, o Garantismo Penal é a segurança dos cidadãos que, em um Estado democrático de direito, onde o poder obrigatoriamente deriva do ordenamento jurídico, principalmente da Constituição, atua como um mecanismo para minimizar o poder punitivo e garantir, ao máximo, a liberdade dos cidadãos".

âmbito infracional, insistirem em proceder ao interrogatório do adolescente como sendo o primeiro ato da instrução processual e não como o último, como assim prevê o art. 400 do CPP, alterado desde o ano de 2008, ao fundamento de se tratar de rito previsto em Lei especial.

Todavia, o método clássico de superação de antinomia, baseado na especialidade normativa, proposto por Savigny, tem sua aplicabilidade muito restrita, em razão de ter sido pensado exclusivamente para o caso em que há conflito entre regras (LOPES, 2012[41]), portanto, insuficiente para dar solução a eventual conflito entre espécies normativas diferentes daquelas, como no caso de haver colisão entre princípios e regras, ou de princípios entre si (Juízo de Ponderação/Sopesamento) (ACUNHA, 2014, p. 168[42]).

Outro fator, referente ao mesmo objeto, que também é alegado para se violar o devido processo legal no âmbito infracional, conjuntamente ao da especialidade normativa, reside na interpretação a que se tem dado ao texto da regra contida no Estatuto, relativamente à finalidade da audiência de apresentação para oitiva do adolescente, ao que dispõe o caput do art. 186 que *"comparecendo o adolescente, seus pais ou responsável, a autoridade judiciária procederá <u>à oitiva</u> dos mesmos, podendo solicitar opinião de profissional qualificado.".*

Vê-se do dispositivo normativo que em momento algum foi dito que o <u>interrogatório</u>, ato autônomo e revestido de regras próprias, conforme

---

41 "[...] é com o próprio Savigny que tem início a hermenêutica jurídica clássica, metodológica e científica, voltada para o Direito privado e para as normas com estrutura de regra".

42 "A colisão de princípios, por sua vez, permite que se fuja à lógica da invalidade, sendo resolvida pela aplicação da lei de colisão, na qual se determina que princípio ganha maior peso na relação de precedência condicionada e que, por conseguinte, deve regular o fato (ALEXY, 2008, p. 95). A partir do princípio de maior peso (ou precedente), extrai-se, por uma operação lógico-hermenêutica, uma regra que vai decidir a situação".

verifica-se do art. 185 do CPP, ou seja, mais complexo que uma mera oitiva, deva ser realizado a partir da audiência de apresentação, contudo, começou-se a assim proceder em razão de se aplicar ao âmbito infracional, nos termos do art. 152, caput do ECA, subsidiariamente, a sistemática, então vigente no processo penal antes de 2008, hipótese em que o interrogatório do réu era previsto como sendo o primeiro ato da instrução, pelo que, no âmbito infracional, uma vez presente o adolescente à audiência de apresentação para ser ouvido, passou-se a realizar também o interrogatório.

Ocorre que, a partir da busca pela *"adequação do sistema acusatório democrático aos preceitos constitucionais da Carta de República de 1988, com vistas a dar máxima efetividade aos princípios do contraditório e da ampla defesa* (art. 5º, inciso LV)", como dito pelo Min. Toffoli ao proferir Voto no HC 127.900[43], no ano de 2008, houve alteração do rito da audiência de instrução, passando o interrogatório do réu a ser o seu último ato, conforme prevê a atual redação da regra insculpida no art. 400 do CPP.

Todavia, Juízes e Tribunais, inobservando a alteração supracitada, têm mantido, no âmbito infracional, a ritualística anterior, ressalte-se, atualmente, desprovidos de qualquer base jurídica que justifique a razão de assim agirem, haja vista que, conforme exposto, além de não ser devido, pela impropriedade, confundir oitiva com interrogatório, não se pode realizar o ato em desconformidade com as alterações havidas e vigentes na norma processual subsidiária, relativamente ao correto momento para

---

43"Ordem denegada, com a fixação da seguinte orientação: a norma inscrita no art. 400 do Código de Processo Penal comum aplica-se, a partir da publicação da ata do presente julgamento, aos processos penais militares, aos processos penais eleitorais **e a todos os procedimentos penais regidos por legislação especial incidindo somente naquelas ações penais cuja instrução não se tenha encerrado"**.

realizá-lo, sob pena de violação ao devido processo legal.

Com base na reiterada inadequação à aplicação da norma por juízes e tribunais, o STF, por seu Plenário e em Turma e o STJ, em Turma e pela 3ª Seção (HC n. 769.197/RJ[44]), ao julgar recurso repetitivo, firmaram o entendimento no sentido de que o interrogatório do adolescente em conflito com a lei deve ser o último ato da instrução processual.

Pelo exposto e à luz do devido processo legal infracional substancial, deve-se restringir à oitiva do adolescente, em audiência de apresentação, a se verificar a legalidade do procedimento investigatório ou de flagrante lavrado e a possibilidade de conceder-lhe medida remissiva, conforme descrito no §1º do art. 186 do ECA, servindo o ato, no âmbito infracional, analogicamente, ao que serve a audiência de custódia no âmbito do processo pena (MANUAL DE RECOMENDAÇÃO N.º 87/CNJ, 2020, p. 58[45]).

Outros dispositivos previstos no Estatuto e relativos à finalidade da audiência de apresentação, ressalte-se, ato voltado unicamente à oitiva do

---

44"Assim, propõe-se o aperfeiçoamento da recente jurisprudência desta Corte, para fixação das seguintes orientações: a) em consonância com o art. 184 do ECA, oferecida a representação, a autoridade judiciária designará audiência de apresentação do adolescente, e decidirá, desde logo, sobre a decretação ou manutenção da internação provisória e sobre a remissão, que pode ser concedida a qualquer tempo antes da sentença; b) é vedada a atividade probatória na audiência de apresentação, e eventual colheita de confissão nessa oportunidade não poderá, de per se, lastrear a procedência da representação; c) diante da lacuna na Lei n. 8.069/1990, aplica-se de forma supletiva o art. 400 do CPP ao procedimento especial de apuração do ato infracional, garantido ao adolescente o interrogatório ao final da instrução, perante o Juiz competente, depois de ter ciência do acervo probatório produzido em seu desfavor; d) o novo entendimento é aplicável aos processos com instrução encerrada após 3/3/2016, conforme julgado proferido pelo Supremo Tribunal Federal no HC n. 127.900/AM, Rel. Ministro Dias Toffoli, Tribunal Pleno) regra geral, para acolhimento da tese de nulidade, faz-se necessário que a defesa a aponte em momento processual oportuno, quando o prejuízo à parte é identificável por mero raciocínio jurídico, por inobservância do direito à autodefesa".
45Manual Recomendação nº 87. Atendimento inicial e integrado a adolescente a quem se atribua a prática de ato infracional.

adolescente para fins do que dispõe o §1º do art. 186, ECA, e que devem passar a ser corretamente interpretados, são os previstos nos arts. 184, §3º e 187, que autorizam o julgador a determinar a busca e apreensão do adolescente não localizado quando da notificação para comparecer à referida audiência, ou a condução coercitiva daquele que, devidamente notificado para comparecer ao ato, deixa de comparecer sem apresentar justificativa.

Os dispositivos supracitados que autorizam a busca e apreensão e a condução coercitiva violam o devido processo legal por suprimir do adolescente, o qual se imputa a prática de determinada infração, a subjetividade ao direito de defesa, ao impor-lhe o dever de comparecer em Juízo para prestar informações que, em muitas vezes, possam vir a acarretar-lhes prejuízos.

Ambos os institutos menoristas equivalem à condução coercitiva, prevista no art. 260 do CPP, cuja finalidade é voltada a se apresentar compulsoriamente o Réu em Juízo a fim de ser interrogado, sendo o referido ato realizado com o implemento de medida restritiva de sua liberdade, ainda que por curto espaço de tempo, e estritamente determinada à realização do interrogatório.

O STF, ao julgar a validade jurídico-constitucional da condução coercitiva prevista no CPP, por meio das ADPF's 395 e 444[46], declarou a não recepção do referido instituto restritivo de liberdade, por violar o direito de defesa do acusado, importando a inobservância dolosa dessa vedação pelo julgador em crime de abuso de autoridade (Lei n.º 13.869/19,

---

46"Arguição julgada procedente, para declarar a incompatibilidade com a Constituição Federal da condução coercitiva de investigados ou de réus para interrogatório, tendo em vista que o imputado não é legalmente obrigado a participar do ato, e pronunciar a não recepção da expressão "para o interrogatório", constante do art. 260 do CPP".

art. 9º[47]).

Em razão da analogia ontológica entre os institutos do ECA e do CPP, voltados a conduzir aquele a quem se imputa o cometimento de infração penal para fins de interrogatório, igual entendimento deve ser estendido ao âmbito infracional, a fim de proteger, em última análise, a dignidade humana do adolescente em conflito com a Lei, vedando-se a possibilidade de decretação de busca e apreensão por ausência do adolescente à audiência de apresentação ou ao interrogatório.

Do mesmo modo, igual atualização legal ou adequação interpretativa deve ser dada à medida cautelar de internação provisória, prevista no art. 174, caput, ECA.

No ECA, a supracitada medida é a única espécie de cautelar prevista para os casos de cometimento de atos infracionais graves, havendo, neste caso, uma espécie de tudo ou nada, que, a princípio, ao desprezar subjetividades ínsitas à realidade concreta do adolescente, via de regra, fomenta a institucionalização daqueles mal assistidos pelas respectivas Defesas.

Como exemplo à desproporcionalidade da referida previsão, cite-se o caso apurado no processo n.º 0001255-83.2017.815.0331, que tramitou perante o Juízo de Direito da 2ª Vara Mista da Comarca de Santa Rita/PB, em que se apurava o cometimento de infração análoga ao tipo penal de tentativa de homicídio qualificado por motivo fútil, entre irmãos (art. 121, §2º, I c/c art. 14, II, do CP).

Sucintamente, apurou-se o fato de um adolescente de 16 anos ter desferido uma facada na costela de seu irmão mais velho, como reação ao

---

[47]Art. 9º Decretar medida de privação da liberdade em manifesta desconformidade com as hipóteses legais: Pena - detenção, de 1 (um) a 4 (quatro) anos, e multa.

soco no rosto que lhe foi dado, tudo em razão do uso de uma calça jeans de propriedade do mais novo, a qual o mais velho se recusara a retirar.

Nesse caso, pela letra fria da lei, indubitável o cabimento da medida cautelar de internação provisória, haja vista a gravidade da conduta e a repercussão social. Todavia, tratava-se de um fato isolado, praticado no âmbito de uma família estruturada, em que todos os filhos estudavam, sem histórico de reprovação, inclusive sendo o adolescente, autor da ação, aluno do 2º ano de escola técnica em regime integral, e pertencente a núcleo familiar cujos integrantes são detentores de boas condutas sociais, conforme informações prestadas por pessoas integrantes da comunidade em que residem, bem como que pelos agentes de segurança policial que efetivaram a apreensão em flagrante.

Neste caso, aplicar a letra fria da lei importaria na colocação de um adolescente detentor de boas condutas e razoável estágio de formação acadêmica e social em estabelecimento socioeducacional que, de fato, não lhe promoveria a socioeducação como verdadeiramente se pretende, indo-se na contramão da finalidade da referida pretensão. Ou seja, retirar o adolescente, ainda que pelo cometimento de ato tão grave do seio de uma família estruturada e obstá-lo de cursar o grau técnico o qual vinha cursando, pondo-o em contato com outros adolescentes em sua maioria detentores de histórico infracional, oriundos de famílias desestruturadas, viciados em drogas e há tempos aliciados pelo tráfico de drogas e desprovidos de formação acadêmica regular, em verdade, se afastaria em muito da finalidade socioeducativa a que se pretende o Estatuto, pelo que, o referido Juízo, atento às circunstâncias do caso concreto, aplicou de forma cautelar ao adolescente, a medida de comparecimento periódico em juízo, adotando, para tanto, neste caso, supletivamente, a cautelar diversa da prisão prevista no art. 319, I, do CPP.

Ante cenários como o exposto e a bom tempo, o STJ (HC n. 50.716/SP[48]) passou a definir em sua jurisprudência a impossibilidade de se decretar a internação provisória de adolescente com fundamento exclusivamente na gravidade da conduta infracional e, recentemente, Juízes da Infância de todo País perceberam a necessidade de se conferir à medida cautelar de internação provisória o caráter de subsidiariedade e passaram a adotar, em caráter supletivo, as medidas cautelares previstas nos incisos do art. 319 do CPP, com as devidas adaptações, como sendo as principais medidas cautelares a serem implementadas no âmbito infracional (FONAJUV, Enunciado n.º 30), passando aquela a ser subsidiária.

Ainda sobre o instituto da internação provisória, acrescente-se o fato de constituir hipótese de cabimento a sua decretação, além da resguarda à manutenção da ordem pública, hipótese de cabimento análogo a dos maiores, conforme previsto no art. 312 do CPP, a repercussão social do ato infracional (art. 174, caput, ECA) (NUCCI, 2018[49]), hipótese expurgada

---

48 "A decisão que decreta a internação antes da sentença deve ser fundamentada não só nos indícios suficientes de autoria e materialidade, devendo, também, ser demonstrada a necessidade imperiosa da medida. Se a decretação da segregação cautelar do jovem foi fundamentada na natureza grave da infração por ele praticada e na necessidade de se resguardar o infrator e de manter a ordem pública, resta evidenciado o constrangimento ilegal, por se tratar de motivação genérica, além de não ter sido demonstrada a necessidade imperiosa da medida, conforme exigido pelo Estatuto da Criança e do Adolescente. A alusão à gravidade do fato praticado não se presta para fundamentar a medida de internação, até mesmo por sua excepcionalidade, restando caracterizada a afronta aos objetivos do sistema".

49 "Quadro resumido da internação provisória: são os seguintes pontos: 1) só pode ser decretada para os casos de ato infracional, cuja medida socioeducativa final possa ser internação (conferir as três hipóteses do art. 122 desta Lei). Não há cabimento em se manter o adolescente internado durante a instrução para, concluindo o feito, aplicar-lhe liberdade assistida (porque a única medida possível); configura-se, em nosso ponto de vista, teratologia evidente; 2) associado do primeiro item, somente se pode decretar a internação provisória quando o motivo for a manutenção da ordem pública, abrangendo, ao menos, dois elementos que a constituem (ex.: gravidade concreta do ato infracional + clamor social; antecedentes + inserção no crime organizado). Não se pode decretar a internação provisória, evitando-se medida ilógica e abusiva: a) para atos infracionais cuja finalização não poderá ser, jamais, internação, em tese; b) para garantir a segurança

majoritariamente, tanto pela doutrina (LOPES Jr, 2017[50]), quanto pela jurisprudência dos Tribunais Superiores (STJ - HC 497.006/MS, AgRg no HC 507.725/TO[51]), para se determinar a aplicação de prisão cautelar ao maior.

Há julgadores que justificam a aplicação da referida hipótese de cabimento para o cerceamento da liberdade ao fato de se buscar preservar a

pessoal do adolescente; c) cuidando-se de gravidade abstrata do ato infracional, isoladamente considerada; d) tratando-se de clamor social, individualmente colocado em foco".

50"Quanto à prisão cautelar para garantia da integridade física do imputado, diante do risco de " linchamento", atualmente predomina o acertado entendimento de que é incabível. Prender alguém para assegurar sua segurança revela um paradoxo insuperável e insustentável. Por fim, há aqueles que justificam a prisão preventiva em nome da " credibilidade da justiça" (pois deixar solto o autor de um delito grave geraria um descrédito das instituições) e, ainda, no risco de reiteração de condutas criminosas. Este último caso se daria quando ao agente fossem imputados diversos crimes, de modo que a prisão impediria que voltasse a delinquir. Com maior ou menor requinte, as definições para " garantia da ordem pública" não fogem muito disso".

51"2. As prisões cautelares materializam-se como exceção às regras constitucionais e, como tal, sua incidência em cada caso concreto deve vir fulcrada em elementos que demonstrem a sua efetiva necessidade no contexto fático-probatório apreciado, sendo inadmissível sem a existência de razão sólida e individualizada a motivá-la, especialmente com a edição e entrada em vigor da Lei n. 12.403/2011. 4. No caso, da leitura das decisões que ordenaram e mantiveram a segregação cautelar do paciente, constata-se que não foi apresentado qualquer fundamento idôneo para tanto, limitando-se o Juiz singular a fazer referência à gravidade em abstrato do delito que lhe foi imputado, ao clamor público e à credibilidade da justiça, o que, por si só, não justifica a segregação antecipada."

"A privação antecipada da liberdade do cidadão acusado de crime reveste-se de caráter excepcional em nosso ordenamento jurídico (art. 5º, LXI, LXV e LXVI, da CF). Assim, a medida, embora possível, deve estar embasada em decisão judicial fundamentada (art. 93, IX, da CF), que demonstre a existência da prova da materialidade do crime e a presença de indícios suficientes da autoria, bem como a ocorrência de um ou mais pressupostos do artigo 312 do Código de Processo Penal. Exige-se, ainda, na linha perfilhada pela jurisprudência dominante deste Superior Tribunal de Justiça e do Supremo Tribunal Federal, que a decisão esteja pautada em motivação concreta, sendo vedadas considerações abstratas sobre a gravidade do crime. 4. No caso, destacou-se a repercussão social e a maneira pela qual foi realizado o crime, uma vez que ao paciente é imputada conduta de exacerbada culpabilidade, a indicar sua periculosidade e justificar a prisão como forma de garantia da ordem pública. De fato, ao examinar a conduta apontada como fundamento para indeferir-se o direito de recorrer em liberdade, o integridade física do adolescente, ameaçada pela comunidade local, contudo, o referido fundamento, viola o princípio da proteção integral e da legalidade no âmbito infracional em razão de, ao abrir espaço para atuação de um JUIZ PATERNAL, retrocede o atual ordenamento menorista à Doutrina da Situação Irregular, hipótese em que valia quase tudo para solucionar problema social causado por menores, inclusive, desconsiderar seus direitos.

No âmbito do processo penal, atualmente, é inconcebível a decretação de prisão cautelar com base em clamor ou repercussão social fundamentada na busca da proteção à integridade física do autor da infração, haja vista que, como aduz Aury Lopes Júnior (2017, p. 65), *"prender alguém para assegurar sua segurança revela um paradoxo insuperável e insustentável"*.

Igual fundamento adotou o Min. Celso de Mello, ao expor em seu voto, no julgamento do HC 95.290/SP[52], que *"O estado de comoção social*

---

magistrado singular destacou que "há, pois, elevado grau de culpabilidade, em razão da quantidade de droga transportada pelo acusado, eis que fora apreendido 20kg (vinte) quilos de substância entorpecente – crack – separadas em tabletes de 01 kg (um) quilo cada". Ressalte-se que, em razão da natureza altamente destrutiva e extremamente concentrada da droga, a quantidade, por si só expressiva, revela-se enorme, evidenciando a necessidade da prisão.".

52"O estado de comoção social e de eventual indignação popular, motivado pela repercussão da prática da infração penal, não pode justificar, só por si, a decretação da prisão cautelar do suposto autor do comportamento delituoso, sob pena de completa e grave aniquilação do postulado fundamental da liberdade. - O clamor público - precisamente por não constituir causa legal de justificação da prisão processual (CPP, art. 312) - não se qualifica como fator de legitimação da privação cautelar da liberdade do indiciado ou do réu. [...]. Ninguém, absolutamente ninguém, pode ser tratado como culpado, qualquer que seja o ilícito penal cuja prática lhe tenha sido atribuída, sem que exista, a esse respeito, decisão judicial condenatória transitada em julgado. O princípio constitucional do estado de inocência, tal como delineado em nosso sistema jurídico, consagra uma regra de tratamento que impede o Poder Público de agir e de se comportar, em relação ao suspeito, ao indiciado, ao denunciado ou ao réu, como se estes já houvessem sido condenados, definitivamente, por sentença do Poder Judiciário".

e de eventual indignação popular, motivado pela repercussão da prática da infração penal, não pode justificar, só por si, a decretação da prisão cautelar do suposto autor do comportamento delituoso, sob pena de completa e grave aniquilação do postulado fundamental da liberdade. O clamor público - precisamente por não constituir causa legal de justificação da prisão processual (CPP, art. 312) - não se qualifica como fator de legitimação da privação cautelar da liberdade do indiciado ou do réu.".

Como exposto anteriormente, especialmente a partir da elaboração e vigência da Lei n.º 13.964/18 (Pacote Anticrime), a legislação penal passou a buscar, preponderantemente, meios para a adoção de um sistema acusatório o mais puro possível, com regras voltadas a desvencilhar o julgador de vícios ou construções probatórias que possam direcioná-lo a um julgamento em desfavor do acusado.

Houve a delimitação e maior definição sobre a atribuição de cada sujeito do processo, especialmente com relação ao papel dos órgãos acusador e julgador, esse último que teve separadas suas competências, reservando-se a competência, na fase investigatória, a um juiz de garantias, ao qual, regra, é vedada a iniciativa de atuação *ex officio*, e, na fase processual, a um juiz para instrução e julgamento.

Especificamente quanto ao juiz das garantias foi reservado o papel de fazer o controle da legalidade da investigação criminal e salvaguarda dos direitos individuais cuja franquia tenha sido reservada à autorização prévia do Poder Judiciário (reserva de jurisdição), e, regra, tem encerradas suas atividades até o oferecimento da peça acusatória (STF[53], ADI's 6.298, 6.299, 6.300 e 6305).

Sob a sistemática de vedação à atuação investigatória e probatória *ex officio* do julgador e de reserva de atuação ao controle de legalidade da investigação criminal, ou seja, de menor ingerência do julgador na construção de elementos probatórios voltados à formação da culpa do investigado, conferiu-se ao órgão de acusação maior protagonismo, expressando caber a esse a atribuição de se verificar, *ab initio*, a plausibilidade da persecução penal de determinado indivíduo, haja vista ser o referido órgão o detentor da *opinio delicti*.

Como dito, passou a caber exclusivamente ao órgão de acusação, em seu âmbito interno, resolver sobre o oferecimento ou não da peça acusatória, sem qualquer intervenção judicial neste sentido, salvo a concessão de medidas cautelares, quando o ato investigatório o qual os agentes da persecução pretenda realizar, exija prévia autorização judicial.

Como exemplo da modificação exposta, cite-se a previsão contida na antiga redação do art. 28 do CPP, a qual previa a possibilidade de o julgador, em juízo homologatório, discordar do requerimento de arquivamento do procedimento apresentado pela acusação e remeter os

---

53 (...) (d) Por tais motivos, deve ser atribuída interpretação conforme à primeira parte do caput do art. 3º-C do CPP, incluído pela Lei nº 13.964/2019, para esclarecer que as normas relativas ao juiz das garantias não se aplicam às seguintes situações: (1) processos de competência originária dos tribunais, os quais são regidos pela Lei nº 8.038/1990; (2) processos de competência do tribunal do júri; (3) casos de violência doméstica e familiar; e (4) infrações penais de menor potencial ofensivo. (e) Ao mesmo tempo, as referências à competência do juiz das garantias para receber a denúncia, constantes do caput e dos §§ 1º e 2º, do artigo 3º-C, revelam-se inconstitucionais, atribuindo-se interpretação conforme a Constituição no sentido de fixar que a competência do juiz das garantias cessa com o oferecimento da denúncia e, por conseguinte, oferecida a denúncia ou queixa, as questões pendentes serão decididas pelo juiz da instrução e julgamento.

autos à PGJ para, caso venha a acolher a discordância apresentada pelo julgador, designar outro promotor para oferecer a peça acusatória.

Pelas razões expostas, no sentido da busca da não contaminação do julgador em desfavor do acusado, a nova redação dada ao art. 28 do CPP, com interpretação dada pelo STF ao julgar as ADI's[54] 6.298, 6.299, 6.300 e 6305, passou a preconizar que o ato de arquivamento do procedimento investigatório pelo promotor de justiça não obstante seu controle pelos juiz das garantias, prescinde de homologação judicial, sendo, regra, resolvida no âmbito do referido órgão, com remessa de eventual irresignação da proposta diretamente à instância superior do MP.

Por ser mais benéfica e garantidora de direitos, a nova sistemática

---

54 (...) (a) O artigo 3º-B, em seus 18 incisos, elencou as competências do juiz na fase do inquérito, correspondendo, em linhas gerais, à mera explicitação das funções já exercidas pelos juízes brasileiros no controle da legalidade da fase de investigação. (b) Além das competências dos juízes de garantias, foram estabelecidas regras processuais e disciplinados atos processuais específicos, pertinentes à fiscalização dos atos de instauração e de arquivamento de inquérito pelo Ministério Público, à obrigatoriedade de realizar audiência pública e oral anteriormente à prorrogação de medidas cautelares e à produção antecipada de provas urgentes, competência para o recebimento da denúncia e vedação absoluta ao emprego da tecnologia de videoconferência nas audiências de custódia, sob pena de imediato relaxamento da prisão em flagrante, todas a demandar interpretação conforme a Constituição. (c) Os incisos IV, VIII e IX tratam da competência do juiz das garantias para a fiscalização de investigações criminais: "IV - ser informado sobre a instauração de qualquer investigação criminal; [...] VIII - prorrogar o prazo de duração do inquérito, estando o investigado preso, em vista das razões apresentadas pela autoridade policial e observado o disposto no § 2º deste artigo; IX - determinar o trancamento do inquérito policial quando não houver fundamento razoável para sua instauração ou prosseguimento". (d) Considerada a frequente instauração de investigações criminais, sob outros títulos que não o de inquérito, deve ser dada interpretação conforme à Constituição aos referidos incisos, de modo a determinar que que todos os atos praticados pelo Ministério Público como condutor de investigação penal se submetam ao controle judicial (HC 89.837/DF, Rel. Min. Celso de Mello) e fixar o prazo de até 90 (noventa) dias, contados da publicação da ata do julgamento, para os representantes do Ministério Público encaminharem, sob pena de nulidade, todos os PIC e outros procedimentos de investigação criminal, mesmo que tenham outra denominação, ao respectivo juiz natural, independentemente de o juiz das garantias já ter sido implementado na respectiva jurisdição. (...).

deve, com base no art. 152, caput do ECA, passar a reger os procedimentos no âmbito infracional, devendo haver a substituição da regra prevista art. 181, §2º do ECA, análoga a redação anterior do art. 28 do CPP, pela redação atual dada ao referido dispositivo, haja vista o dever de se conferir aos adolescentes em conflito com a Lei as mesmas garantias processuais mais benéficas que lhes seriam asseguradas se maiores fossem.

Doutra banda, em entendendo o órgão acusador haver justa causa à propositura da Ação penal, caracterizada, segundo o Min. Alexandre de Moraes (STF - HC 213.745/PR[55]) pela existência de tipicidade da conduta, punibilidade do agente e viabilidade à persecução, compete-lhe propô-la demonstrando a existência dos referidos elementos, sob pena de rejeição da inicial acusatória, nos termos do art. 395, III do CPP.

A exigência de a peça acusatória dever estar devidamente fundamentada e instruída com elementos probatórios que indiquem a viabilidade da *persecutio criminis* (justa causa), constitui verdadeira garantia processual ao acusado em geral, na medida em que lhe possibilita o amplo direito de defesa sobre cada ponto da acusação que lhe é imputada, importando a ausência, causa de rejeição à denúncia ou queixa (STJ - AREsp n. 2.290.314/SE[56]).

---

[55]"A justa causa é exigência legal para o recebimento da denúncia, instauração e processamento da ação penal, nos termos do artigo 395, III, do Código de Processo Penal, e consubstancia-se pela somatória de três componentes essenciais: (a) TIPICIDADE (adequação de uma conduta fática a um tipo penal); (b) PUNIBILIDADE (além de típica, a conduta precisa ser punível, ou seja, não existir quaisquer das causas extintivas da punibilidade); e (c) VIABILIDADE (existência de fundados indícios de autoria)".

[56]"1. A falta de justa causa para o exercício da ação penal decorre da ausência de elementos probatórios mínimos que respaldem a acusação, como é o caso do testemunho indireto (por ouvir dizer). 2. A análise dos elementos circunstanciais e acidentais presentes nos autos revela a inexistência de indícios mínimos de autoria dos delitos imputados ao acusado. 3. O depoimento testemunhal indireto, por si só, não possui a capacidade necessária para sustentar uma acusação consistente, sendo imprescindível a presença de outros elementos probatórios substanciais. 4. A rejeição da denúncia é medida adequada

Deste modo, corroborando com NUCCI (2018, p. 560[57]), torna-se inaceitável para o sistema jurídico vigente, o qual vem implementando profundas alterações no ordenamento, a fim de assegurar às partes e, sobretudo, ao acusado na esfera penal, o devido processo legal, permitir que o adolescente em conflito com a lei possa vir a ter ameaçada sua liberdade pela propositura e o recebimento de uma ação desconstituída de elementos indicativos de justa causa, conforme previsto no art. 182, §2º do ECA, pelo que, à luz de um devido processo legal substancial, a referida previsão deve ser expurgada, por padecer de flagrante inconstitucionalidade material.

A par das regras expostas, há, ainda, a aplicação de outros entendimentos voltados ao adolescente em conflito com a lei e que são inaplicáveis aos maiores em situação análoga, como, por ex., o cabimento da **execução provisória** da medida socioeducativa, ainda que durante todo o processo o adolescente estivesse em liberdade (STJ - HC 346380/SP[58]),

diante da insuficiência de elementos probatórios que vinculem o acusado aos fatos alegados, em conformidade com o princípio constitucional da presunção de inocência".

57"Muito se fala, ao longo do texto desta Lei, em direitos e garantias do menor e do devido processo legal, mas não se pretende aplicar nada disso, no momento mais importante de todos: o processo por ato infracional. Criou-se um fenômeno alheio ao sistema constitucional brasileiro de processo; pode-se ingressar com uma representação, obrigando o adolescente a ser citado, contratar advogado, quando a imputação pode ser completamente leviana, sem lastro algum. Trata-se de vantagem para quem? Ao menor, com certeza, não é. Ao magistrado, igualmente, não cremos. A única possibilidade é facilitar os trabalhos da polícia e do Ministério Público, que, com qualquer pedaço de papel, contendo um relatório singelo, ingressa com ação socioeducativa contra um adolescente. Esse não pode ser o Estatuto que prometeu dignificar a criança e o adolescente, colocando, acima de tudo, o seu superior interesse, com absoluta prioridade".

58"É possível que o adolescente infrator inicie o imediato cumprimento da medida socioeducativa de internação que lhe foi imposta na sentença, mesmo que ele tenha interposto recurso de apelação e esteja aguardando seu julgamento. Esse imediato cumprimento da medida é cabível ainda que durante todo o processo não tenha sido imposta internação provisória ao adolescente, ou seja, mesmo que ele tenha permanecido em liberdade durante a tramitação da ação socioeducativa. Em uma linguagem mais simples, o adolescente infrator, em regra, não tem direito de aguardar em liberdade o ao fundamento de que o cumprimento imediato da medida está de acordo com os princípios da proteção integral, prioridade absoluta e atualidade.

Todavia, verifica-se que o fundamento utilizado é insuficiente a demonstrar que a condenação do adolescente restou comprovada para além de qualquer dúvida razoável, sendo utilizado apenas para sobrepor os efeitos de uma condenação recorrível ao princípio constitucional da presunção de inocência que deve ser conferido a toda e qualquer pessoa submetida a processos com viés sancionatório perante a justiça brasileira.

No âmbito do processo penal ordinário o STF (ADC 43/DF, ADC 44/DF, ADC 54/DF[59]) e o próprio STJ (Súmula n.º 643[60]) já pacificaram a questão de modo que não cabe a execução provisória de qualquer espécie de pena antes da devida formação da culpa do condenado, fixada em decisão judicial condenatória transitada em julgado, pelo que, a fim de se manter a coerência e higidez jurisprudencial com vistas a não se violar direitos e garantias fundamentais de adolescentes condenados pela prática de ato infracional, essa orientação lhes deve ser estendida, haja vista que, embora as medidas socioeducativas possuam preponderante viés educativo, também possuem o viés repressor, com intervenção da liberdade do adolescente.

Sem a pretensão de esgotar o tema, a princípio, essas são as principais regras e entendimentos afetos ao sistema infracional que devem, à luz da doutrina da proteção integral e da legalidade infracional, serem alteradas, suprimidas ou acrescentadas ao referido sistema jurídico, e

---

julgamento da apelação interposta contra a sentença que lhe impôs a medida de internação".

59"O cumprimento da pena somente pode ter início com o esgotamento de todos os recursos. É proibida a chamada execução provisória da pena.".

60"A execução da pena restritiva de direitos depende do trânsito em julgado da condenação.".

observadas por juízes e tribunais, a fim de se conferir ao adolescente em conflito com a lei os mesmos direitos que teriam se maiores fossem.

3.3 Superação da dogmática da aplicação absoluta do Estatuto infantojuvenil aos procedimentos socioeducativos/infracionais: Caráter relativo do estatuto protetivo à luz da garantia do devido processo legal substancial.

Dentro do campo jurídico, há uma crença dogmática entre alguns operadores dos direitos inerentes ao público infantojuvenil, de ser o Estatuto da Criança e do Adolescente e as demais normas especializadas nesta seara, as únicas legislações adequadas à regência de questões jurídicas inerentes ao referido público.

O dogma baseia-se, principalmente, na crença da existência de presunção absoluta do caráter protetivo dessas normas especiais voltadas para questões relacionadas à infância e à juventude, ressalte-se, elaboradas com base em doutrinas mais adequadas para o tratamento jurídico dessas questões e, por essa e outras razões, alguns operadores do direito tendem a qualquer custo, manter a aplicação exclusiva das normas especiais para tratar dessas questões.

No entanto, como podemos observar ao longo deste trabalho, especificamente no campo da responsabilização socioeducativa de adolescentes em conflito com a Lei, o suposto caráter protetivo atribuído a essas legislações é relativo e não absoluto, uma vez que, como anteriormente exposto, existem normas de caráter geral que conferem mais direitos e garantias ao público infantojuvenil do que aquelas previstas nessas legislações específicas.

Pelo exposto, tem-se que, ao se adotar o Estatuto da Criança e do Adolescente (ECA) como regra absoluta para tratar de questões relacionadas aos direitos e garantias processuais de adolescentes em conflito com a lei, negam-se lhes direitos e garantias mais benéficas, conferidos pela legislação penal ordinária aos adultos em situação semelhante, ressalte-se, em algumas hipóteses, direitos esses mais garantistas, eis que voltados a conferir maior proteção à dignidade da pessoa humana do indivíduo submetido a processo sancionador.

Concretamente, ao se aplicar estritamente os institutos previstos no ECA aos adolescentes, conforme demonstrado no tópico anterior, haverá a inadequação da aplicação dos seguintes institutos que, sob o prisma do devido processo legal substancial, se mostram mais prejudiciais na referida legislação do que seus equivalentes, previstos na legislação ordinária: **(i)** desconsideração à adequada finalidade da audiência de apresentação; **(ii)** interrogatório do adolescente como primeiro ato da instrução; **(iii)** decretação de busca e apreensão e condução coercitiva em detrimento do direito de defesa; **(iv)** desproporcionalidade subjetiva da medida de internação provisória como sendo a única cautelar prevista para casos graves; **(v)** cabimento da repercussão ou comoção social do ato infracional como justificativa para a decretação da internação provisória; **(vi)** manutenção da influência do julgador nas manifestações do órgão titular da acusação; **(vii)** dispensa da necessidade da peça representativa formal e instruída com justa causa como condição para a propositura da ação socioeducativa; e **(viii)** admissibilidade da execução provisória da medida socioeducativa.

É importante ressaltar que os pontos abordados não são exaustivos, e há ainda muito a ser discutido em relação a outros institutos presentes no Estatuto, destinados à responsabilização do adolescente pelo cometimento de atos infracionais mais prejudiciais que os equivalentes previstos na legislação ordinária. Um exemplo seria o alto grau de subjetividade conferido ao julgador para determinar a medida socioeducativa mais adequada ao adolescente pela prática de determinado ato infracional, fato este que, em muitas vezes, pode resultar na imposição de medida socioeducativa desproporcional em relação ao ilícito praticado e as peculiaridades dos adolescentes.

Na medida em que se identifica possuírem as normas especiais institutos jurídicos mais prejudiciais que seus equivalentes em legislações de caráter geral, é imperioso a superação daquelas a fim de se conferir aos adolescentes em conflito com a Lei os mesmos direitos que lhes seriam conferidos se maiores fossem.

O ponto de partida para a referida superação começa pela implementação da conscientização dos julgadores no sentido de que, sob égide da doutrina da proteção integral lhe é vedado atuar nas causas infantojuvenis sob a concepção do menorismo (SARAIVA, 2010, p. 30[61]), pensamento oriundo das legislações concebidas sob a égide da doutrina da situação irregular e que autorizava ao magistrado desprezar a existência de direitos e garantias ao público infantojuvenil com fundamento em dar

---

61"Por Menorismo se quer referir o conjunto de princípios e regras fundado na doutrina da Situação Irregular, correspondendo ao tratamento dispensado aos menores de idade a partir de uma suposta abordagem autônoma do Direito Penal e por isso desvinculada dos princípios de garantia: contraditório, ampla defesa, equilíbrio entre acusação e defesa. E que no campo da execução de sanções e programas específicos, caracteriza-se por uma intervenção sem prazo determinado e altamente correcional. Nas lições de Luigi Ferrajoli, o paradigma paternalista do direito menoril resultava de sua natureza informal e discricionária, sempre consignado a um suposto poder "bom" que invariavelmente atuaria no "interesse superior do menor". Como também aponta brilhantemente João Batista Costa Saraiva, este pressuposto resultou dramaticamente desmentido pela realidade, transformando-se o sistema da Doutrina da Situação Irregular na ausência absoluta de regras, possibilitando e legitimando os piores abusos e arbitrariedades".

efetiva solução aos problemas sociais advindos da situação do referido público.

Como instrumentos jurídicos hábeis para a realização adequada do afastamento das normas previstas no Estatuto mais prejudiciais ao adolescente em conflito com a lei do que as equivalentes previstas na legislação penal ordinária, pode-se começar citando o método mais simples, qual seja, interpretação adequada do Estatuto.

É dever do operador do direito fazer uma interpretação adequada das normas previstas no próprio Estatuto, especialmente daquela prevista no caput do art. 3º, que aduz que crianças e adolescentes gozam de todos os direitos fundamentais inerentes à pessoa humana, sem prejuízo à proteção integral de que trata o estatuto, buscando assegurar-lhes condições de liberdade e dignidade, dentre outros direitos.

Acrescente-se à premissa exposta a orientação prevista no caput do art. 152 do referido Estatuto no sentido de que se aplicam aos processos por ele regidos as regras subsidiárias previstas na norma processual pertinente.

Percebe-se que, em uma interpretação sistemática do Estatuto, ou seja, interpretando-se conjugadamente as normas expostas, extrai-se a autorização estatutária no sentido de que se adote, no âmbito infracional, institutos processuais previstos em normas gerais da legislação processual ordinária, de forma supletiva e subsidiária, sempre que mais benéficas aos direitos fundamentais de adolescentes submetidos a processos de apuração de ato infracional.

Outro instrumento que permite ao aplicador da norma afastar as regras processuais estatutárias mais prejudiciais ao adolescente em conflito com a lei do que as equivalentes previstas na legislação ordinária, é o controle difuso de constitucionalidade dos dispositivos, ou seja, por meio da filtragem de validade da norma infraconstitucional à luz da Constituição Federal.

Como abordado em capítulos anteriores, a garantia fundamental do devido processo legal, previsto no art. 5º, LIV da CF, não constitui um fim em si mesmo, tendo sido concebida para, em verdade, garantir direitos aos sujeitos submetidos a processos administrativos ou judiciários.

Os direitos a serem garantidos pelo referido princípio são inerentes à preservação da dignidade humana, fundamento da RFB, previsto no art. 1º, III, CF/88.

Haja vista que têm havido atualização na legislação sancionatória ordinária, com vistas a garantir mais direitos aos maiores submetidos à responsabilização penal e não há igual atualização no texto do Estatuto, as normas nele previstas, quando menos garantistas que aquelas à proteção da dignidade humana do adolescente, devem ser afastadas, por violarem o devido processo legal substancial que deve ser conferido ao referido público e substituídas pelas equivalentes, mais garantistas, previstas na legislação penal ordinária, com fulcro no art. 3º do ECA.

Ainda, pode-se citar o controle de convencionalidade (MAZZUOLI, 2009[62]), instituto jurídico pelo qual se faz a filtragem de legalidade das normas internas à luz dos postulados de documentos internacionais sobre direitos humanos internalizados pelo ordenamento

---

62 "A compatibilidade do direito doméstico com os tratados internacionais de direitos humanos em vigor no país faz-se por meio do controle de convencionalidade, que é complementar e coadjuvante do conhecido controle de constitucionalidade. (...) O controle de convencionalidade tem por finalidade compatibilizar verticalmente as normas domésticas (as espécies de leis, lato sensu, vigentes no país) com os tratados internacionais de direitos humanos ratificados pelo Estado e em vigor no território nacional. (...) os tratados internacionais incorporados ao direito brasileiro passam a ter eficácia paralisante (para além de derrogatória) das demais espécies normativas domésticas, cabendo ao juiz coordenar essas fontes (internacionais e internas) e escutar o que elas dizem".

interno sem a adoção do procedimento de EC previsto no §3º do art. 5º da CF/88.

Como já abordado em capítulo anterior, a norma interna que conflite com o postulado de documento internacional o qual seja atribuída a natureza jurídica de supralegalidade, após a internalização, tem sua vigência, seus efeitos, obstados, paralisados, pelo que, compete ao julgador, nesses casos, não dar aplicabilidade à referida norma interna e buscar dentre institutos equivalentes aqueles aptos à solução do caso concreto, sob a perspectiva de conferir o asseguramento de direitos humanos, previstos em documentos internacionais, ao indivíduo em julgamento.

Como exemplo, expõe-se o caso dos presos do complexo penitenciário de Bangu, localizado no Estado do Rio de Janeiro, hipótese em que, o STJ (AgRg no RHC 136961/RJ, 2019[63]) negou provimento ao recurso interposto pelo MP local, mantendo hígido o acórdão proferido pelo Tribunal de Justiça do referido Estado que, à luz do caso concreto, em controle de convencionalidade, suspendeu os efeitos da lei interna sobre o

---

63"(...) 7. As autoridades públicas, judiciárias inclusive, devem exercer o controle de convencionalidade, observando os efeitos das disposições do diploma internacional e adequando sua estrutura interna para garantir o cumprimento total de suas obrigações frente à comunidade internacional, uma vez que os países signatários são guardiões da tutela dos direitos humanos, devendo empregar a interpretação mais favorável ao ser humano. Aliás, essa particular forma de parametrar a interpretação das normas jurídicas (internas ou internacionais) é a que mais se aproxima da Constituição Federal, que faz da cidadania e da dignidade da pessoa humana dois de seus fundamentos, bem como tem por objetivos fundamentais erradicar a marginalização e construir uma sociedade livre, justa e solidária (incisos I, II e III do art. 3º). Tudo na perspectiva da construção do tipo ideal de sociedade que o preâmbulo da respectiva Carta Magna caracteriza como "fraterna" (HC n. 94163, Relator Min. CARLOS BRITTO, Primeira Turma do STF, julgado em 2/12/2008, DJe-200 DIVULG 22/10/2009 PUBLIC 23/10/2009 EMENT VOL-02379-04 PP-00851). (...) 8. Os juízes nacionais devem agir como juízes interamericanos e estabelecer o diálogo entre o direito interno e o direito internacional dos direitos humanos, até mesmo para diminuir violações e abreviar as demandas internacionais. É com tal espírito hermenêutico que se dessume que, na hipótese, a melhor interpretação a ser dada, é pela aplicação a Resolução da Corte Interamericana de Direitos Humanos, de 22 de novembro de 2018 a todo o período em que o recorrente cumpriu pena no IPPSC.".

cômputo da pena aplicada às pessoas presas nas condições degradantes naquele complexo penitenciário e determinou, com base na Resolução de 22 de novembro de 2018 da Corte Interamericana de Direitos Humanos, o cômputo em dobro de todo o período em que o paciente cumpriu pena no referido presídio.

Trazendo o supracitado instrumento para o âmbito da responsabilização infracional, pretendendo-se conceder institutos jurídicos mais garantistas ao adolescente em conflito com a Lei que aqueles previstos nas normas do Estatuto, pode-se ter como parâmetro para o controle de convencionalidade das referidas normas estatutárias o art. 37, "c" da Convenção sobre Direitos da Criança (CDC) que dispõe que *"toda criança privada da liberdade seja tratada com a humanidade e o respeito que merece a dignidade inerente à pessoa humana, (...)"*.

Logo, as normas estatutárias que confiram menos proteção a direitos individuais do adolescente submetido a processo de apuração de ato infracional, do que as normas equivalentes previstas na legislação penal ordinária, com base na referida norma-parâmetro, devem ter seus efeitos obstados e ser aplicada ao caso, a norma processual equivalente mais benéfica.

Por fim, nos termos dos arts. 102, §2º, CF e 489, VI e 927, CPC, há ainda, especialmente no que concerne a juízes e tribunais de segundo grau, o dever de observância aos precedentes vinculantes ou qualificados sob pena de nulidade do julgamento, ou seja, compete-lhes aplicar aos casos que lhes são submetidos os entendimentos exarados pelos tribunais superiores sobre questões inerentes ao processamento de ações de apuração de ato infracional.

Neste sentido, como exemplo, compete a todas as demais instâncias do poder judiciário aplicarem o entendimento exarado pelo STF ao julgar o HC 127.900, com repercussão geral reconhecida, devidamente seguido pela 3ª Seção do STJ, onde se decidiu que em todos os procedimentos previstos em legislação especial, ressalte-se, inclusive naqueles previstos no ECA, o interrogatório deve ser o último ato da instrução.

Pelo exposto, observa-se que não faltam instrumentos, quer sejam subjetivos, por meio da autoconcepção do julgador sobre a atual doutrina de regência aos institutos jurídicos voltados aos direitos de adolescentes submetidos a processo de apuração de ato infracional, ou de se realizar a adequada interpretação das normas previstas no Estatuto; quer sejam objetivos, por meio da filtragem constitucional ou de convencionalidade ou da observância aos precedentes qualificados, tudo a fim de se assegurar aos adolescentes em conflito com a lei as mesmas garantias processuais que lhes seriam garantidas se maiores fossem.

CONCLUSÃO

O presente trabalho buscou analisar os motivos adotados por juízes e Tribunais para não concederem aos adolescentes submetidos a procedimentos especiais para apuração de ato infracional as garantias processuais mais benéficas previstas na legislação penal ordinária, e restringirem ao referido público a aplicação das normas processuais previstas exclusivamente no Estatuto, ora textualmente desatualizado do viés contemporâneo mais garantista, preponderantemente, presente nas normas penais ordinárias.

Constatou-se que diante da negativa de se conferir aos adolescentes em conflito com a lei as normas mais garantistas previstas na legislação penal ordinária, os julgadores estão a violar direitos fundamentais do adolescente, haja vista que, ao vedar-lhes a proteção mais garantista, atualmente presente na legislação penal ordinária, em última análise, se está a conceder ao adolescente em conflito com a lei menos proteção a seus direitos individuais do que lhes seriam conferidos se maiores fossem.

Regra geral, os fundamentos hegemonicamente utilizados para aplicar no âmbito infracional, exclusivamente, os institutos processuais previstos no Estatuto são o da especialidade da norma e o entendimento de existir uma presunção absoluta de serem as normas previstas no referido Estatuto mais protetivas do que àquelas previstas em normas gerais, pelo simples fato de terem sido concebidas sobre a concepção da doutrina da proteção integral.

Foi abordado o dever constitucional e legal dos julgadores no sentido de garantirem aos adolescentes em conflito com a Lei os institutos processuais mais garantistas, ainda que previstos exclusivamente em legislação extra ECA, como forma de assegurar-lhes o devido processo legal substancial e, em última análise, a dignidade humana e os direitos eivados do referido fundamento constitucional, por meio das garantias legais asseguradas ao maior.

A abordagem foi realizada por meio de um retrospecto sobre as concepções jurídicas voltadas a crianças e adolescentes, desde a doutrina da absoluta indiferença, passando pela doutrina da situação irregular até chegarmos à doutrina da proteção integral, e sobre a formação do arcabouço legislativo no âmbito internacional, por meio de normas com natureza de *soft law* (DUHD, Declaração de Genebra sobre os Direitos da Criança, Regras Mínimas de Beinjing e Diretrizes de Riad) e de *hard law* (Convenção de Nova Iorque sobre os Direitos da Criança, internalizada pelo Decreto 99.710/90).

Também foram analisadas as normas do âmbito interno, voltadas a atender o referido público, tais como o próprio ECA e o SINASE, e cujas elaborações normativas são concebidas observando-se os princípios fundamentais inerentes ao público infantojuvenil, especialmente, os princípios da proteção integral, legalidade, condição peculiar de pessoa em desenvolvimento e o supraprincípio da dignidade humana.

Foram expostas as normas previstas no ECA, mais garantistas que aquelas previstas na legislação penal ordinária, tais como o dever de a autoridade policial proceder a imediata apresentação do adolescente apreendido ao juiz ou ao promotor de justiça, conforme se dê a apreensão, a fim de, dentre outras razões, se aferir a regularidade da apreensão; liberação do adolescente prescindindo de fiança; prazo determinado e compulsório de vigência da medida cautelar de internação provisória; etc.

Por conseguinte, foram expostas as normas previstas na legislação penal ordinária, aplicáveis ao maior, e mais garantistas que aquelas equivalentes previstas no ECA, tais como a vedação à condução coercitiva para fins de interrogatório; previsão de outras medidas cautelares diversas da prisão; necessidade da peça acusatória formal e da presença de justa causa para se deflagrar a ação penal; etc.

Constatou-se que, a fim de sempre se buscar conferir ao adolescente em conflito com a lei as garantias processuais mais benéficas, em observância aos postulados da proteção integral e da dignidade humana, incumbe ao operador do direito, com base nos arts. 3º e 152, caput do próprio Estatuto, observar os relevos garantistas do ordenamento sancionador infracional, onde, ora as garantias mais benéficas estarão presentes no ECA, ou nas demais normas voltadas exclusivamente ao público infantojuvenil e, ora, estarão presentes na legislação penal ordinária, conforme demonstrado ao longo deste trabalho.

Por fim, o trabalho expõe mecanismos jurídicos, tanto de ordem subjetivas, quanto objetivas, que devem ser utilizados pelos julgadores para superar a aplicação exclusiva do ECA nos procedimentos de apuração de ato infracional e aplicar os postulados mais garantistas presentes na legislação penal ordinária.

São mecanismos de ordem subjetiva aqueles relacionados à forma de atuação do magistrado nos processos da seara infracional, a fim de se evitar o ressurgimento da figura do juiz paternal, existente na vigência da doutrina do menor em situação irregular, bem como a busca da adequação das interpretações normativas em coerência com o espírito da legislação protetiva.

E, são mecanismos de ordem objetiva, aqueles relacionados à aplicação da norma à luz de sua validade em face da Constituição Federal, das Convenções internacionais sobre direitos da criança e do adolescente e dos precedentes qualificados oriundos dos Tribunais Superiores sobre o tema.

Isso posto, a pesquisa busca contribuir para a efetiva promoção da concessão de garantias processuais aos adolescentes submetidos a procedimentos especiais para apuração de ato infracional, dentro do contexto jurídico contemporâneo tendente a assegurar ao referido público, direitos inerentes à proteção da dignidade humana e à condição peculiar de pessoa em desenvolvimento.

REFERÊNCIAS BIBLIOGRÁFICAS

1. NUCCI, Guilherme de Souza. Estatuto da criança e do adolescente comentado / Guilherme de Souza Nucci. – 4ª ed. rev., atual. e ampl. – Rio de Janeiro: Forense, 2018.
2. OIT. Organização Internacional do Trabalho. C006 - Trabalho Noturno dos Menores na Indústria. Disponível em: https://www.ilo.org/brasilia/convencoes/WCMS_235011/lang--pt/index.htm. Acesso em: 30 jun. 2023.
3. OLIVEIRA, Liziane Paixão Silva; BERTOLDI, Márcia Rodrigues. A importância do soft law na evolução do Direito Internacional. In: XIX Congresso Nacional do CONPEDI. 2010. p. 6265-6289. Disponível em: https://www.cidp.pt/revistas/ridb/2012/10/2012_10_6265_6289.pdf. Acesso em: 30 jun. 2023.

4. DUARTE, Hugo Garcez. Pós-positivismo e argumentação jurídica: reflexão à luz do conceito de direito. Revista da Faculdade de Direito de Uberlândia, v. 41, n. 1, p. 73-86, 2013. Disponível em: https://seer.ufu.br/index.php/revistafadir/article/download/18496/15028/108123. Acesso em: 30 jun. 2023.
5. AMIN, Andréa Rodrigues; MACIEL, Kátia Regina Ferreira Lobo Andrade. Curso de direito da criança e do adolescente : aspectos teóricos e práticos / Andréa Rodrigues Amin. [et al.] ; coordenação Kátia Regina Ferreira Lobo Andrade Maciel. – 11. ed. – São Paulo : Saraiva Educação, 2018.
6. UNESP. Universidade Estadual Paulista "Júlio de Mesquita Filho". Repositório Institucional. As regras de Beijing como base para a Justiça da Infância e Juventude: a aplicação de medidas socioeducativas nos julgamentos pelo Tribunal de Justiça do Estado de São Paulo. Disponível em: https://repositorio.unesp.br/handle/11449/237484. Acesso em: 30 jun. 2023.
7. BRASIL. Conselho Nacional de Justiça. Regras de Pequim. Regras Mínimas das Nações Unidas para a Administração da Justiça de Menores. Série Tratado Internacionais de Direitos Humanos. Brasília, 2016. Disponível em: https://www.cnj.jus.br/wp-content/uploads/2019/09/2166fd6e650e326d77608a013a6081f6.pdf. Acesso em: 30 jun. 2023.
8. PORTAL DHNET. Diretrizes de Riad. Disponível em: http://www.dhnet.org.br/direitos/sip/onu/c_a/lex45.htm. Acesso em: 30 jun. 2023.
9. BRASIL. Decreto n.º 99.710, de 21 de novembro de 1990. Promulga a Convenção sobre os Direitos da Criança. Disponível em: https://www.planalto.gov.br/ccivil_03/decreto/1990-1994/d99710.htm. Acesso em: 30 jun. 2023.
10. BRASIL. Supremo Tribunal Federal. Ação Direta de Inconstitucionalidade n.º 1.480. Distrito Federal. [...] Os tratados ou convenções internacionais, uma vez

regularmente incorporados ao direito interno, situam-se, no sistema jurídico brasileiro, nos mesmos planos de validade, de eficácia e de autoridade em que se posicionam as leis ordinárias, havendo, em conseqüência, entre estas e os atos de direito internacional público, mera relação de paridade normativa. Precedentes. No sistema jurídico brasileiro, os atos internacionais não dispõem de primazia hierárquica sobre as normas de direito interno. A eventual precedência dos tratados ou convenções internacionais sobre as regras infraconstitucionais de direito interno somente se justificará quando a situação de antinomia com o ordenamento doméstico impuser, para a solução do conflito, a aplicação alternativa do critério cronológico ("lex posterior derogat priori") ou, quando cabível, do critério da especialidade. [...] Relator(a):Min. CELSO DE MELLO, Tribunal Pleno, julgado em 04/09/1997, DJ 18-05-2001 PP-00435 EMENT VOL-02031-02 PP-00213. Disponível em: https://jurisprudencia.stf.jus.br/pages/search?classeNumeroIncidente=%22ADI%201480%22&base=acordaos&sinonimo=true&plural=true&page=1&pageSize=10&sort=_score&sortBy=desc&isAdvanced=true. Acesso em: 30 jun. 2023.

11. BRASIL. Supremo Tribunal Federal. Agravo Regimental na Carta Rogatória n.º 8.279. [...] A recepção dos tratados internacionais em geral e dos acordos celebrados pelo Brasil no âmbito do MERCOSUL depende, para efeito de sua ulterior execução no plano interno, de uma sucessão causal e ordenada de atos revestidos de caráter político-jurídico, assim definidos: (a) aprovação, pelo Congresso Nacional, mediante decreto legislativo, de tais convenções; (b) ratificação desses atos internacionais, pelo Chefe de Estado, mediante depósito do respectivo instrumento; (c) promulgação de tais acordos ou tratados, pelo Presidente da República, mediante decreto, em ordem a viabilizar a produção dos seguintes efeitos básicos, essenciais à sua vigência doméstica: (1) publicação oficial do texto do tratado e (2) executoriedade do ato de direito internacional público, que passa, então - e somente então - a vincular e a obrigar no plano do direito positivo interno. [...] Relator(a): Min. CELSO DE MELLO, Tribunal Pleno, julgado em 17/06/1998, DJ 10-08-2000 PP-00006 EMENT VOL-01999-01 PP-00042. Disponível em: https://redir.stf.jus.br/paginadorpub/paginador.jsp?docTP=AC&docID=324396. Acesso em: 30 jun. 2023.

12. BRASIL. Supremo Tribunal Federal. Plenário. Recurso Extraordinário n.º 466.343. São Paulo. Impossibilidade da Prisão Civil do Depositário Infiel. Rel. Min. Cezar Peluso, julgado em 03/12/2008. Disponível em: https://redir.stf.jus.br/paginadorpub/paginador.jsp?docTP=AC&docID=595444. Acesso em: 30 jun. 2023.

13. RAMOS, André de Carvalho. Responsabilidade Internacional do Estado por Violação de Direitos Humanos. R. CEJ, Brasília, n. 29, pág. 05, abr./jun. 2005. Disponível em: https://edisciplinas.usp.br/pluginfile.php/4008206/mod_resource/content/1/U2%20Carvalho%20Ramos%20-%20Responsabilidade%20Internacional%20do%20Estado.pdf. Acesso em: 30 jun. 2023.

14. BRASIL. Supremo Tribunal Federal. Recurso Extraordinário n.º 349.703. Rio

Grande do Sul. [...] Desde a adesão do Brasil, sem qualquer reserva, ao Pacto Internacional dos Direitos Civis e Políticos (art. 11) e à Convenção Americana sobre Direitos Humanos - Pacto de San José da Costa Rica (art. 7º, 7), ambos no ano de 1992, não há mais base legal para prisão civil do depositário infiel, pois o caráter especial desses diplomas internacionais sobre direitos humanos lhes reserva lugar específico no ordenamento jurídico, estando abaixo da Constituição, porém acima da legislação interna. O status normativo supralegal dos tratados internacionais de direitos humanos subscritos pelo Brasil torna inaplicável a legislação infraconstitucional com ele conflitante, seja ela anterior ou posterior ao ato de adesão. [...]. Relator(a) p/ Acórdão: Min. GILMAR MENDES, Tribunal Pleno, julgado em 03/12/2008, DJe-104 DIVULG 04-06-2009 PUBLIC 05-06-2009 EMENT VOL-02363-04 PP-00675. Disponível em: https://redir.stf.jus.br/paginadorpub/paginador.jsp?docTP=AC&docID=595406. Acesso em: 30 jun. 2023.

15. BRASIL. Lei de 16 de dezembro 1830. Código Criminal. Disponível em: https://www.planalto.gov.br/ccivil_03/leis/lim/lim-16-12-1830.htm. Acesso em: 30 jun. 2023.

16. BRASIL. Supremo Tribunal Federal. Ação Direta de Inconstitucionalidade n.º 5.240. São Paulo. [...] 1. A Convenção Americana sobre Direitos do Homem, que dispõe, em seu artigo 7º, item 5, que "toda pessoa presa, detida ou retida deve ser conduzida, sem demora, à presença de um juiz", posto ostentar o status jurídico supralegal que os tratados internacionais sobre direitos humanos têm no ordenamento jurídico brasileiro, legitima a denominada "audiência de custódia", cuja denominação sugere-se "audiência de apresentação". 2. O direito convencional de apresentação do preso ao Juiz, consectariamente, deflagra o procedimento legal de habeas corpus, no qual o Juiz apreciará a legalidade da prisão, à vista do preso que lhe é apresentado, procedimento esse instituído pelo Código de Processo Penal, nos seus artigos 647 e seguintes. [...]. Relator(a): LUIZ FUX, Tribunal Pleno, julgado em 20/08/2015, PROCESSO ELETRÔNICO DJe-018 DIVULG 29-01-2016 PUBLIC 01-02-2016. Disponível em: https://redir.stf.jus.br/paginadorpub/paginador.jsp?docTP=TP&docID=10167333. Acesso em: 30 jun. 2023.

17. WESTIN, Ricardo. Crianças iam para a cadeia no Brasil até a década de 1920. Agência Senado. Brasília, 07/07/2015. Disponível em: https://www12.senado.leg.br/noticias/materias/2015/07/07/criancas-iam-para-a-cadeia-no-brasil-ate-a-decada-de-1920. Acesso em: 30 jun. 2023.

18. PINHEIRO, Luciana de Araújo. O magistrado paternal: o Juiz Mello Mattos e a assistência e proteção à infância (1924-1933) Rio de Janeiro: s.n., 2014. 231 f. Tese (Doutorado em História das Ciências e da Saúde) – Fundação Oswaldo Cruz. Casa de Oswaldo Cruz, 2014. Disponível em: https://www.arca.fiocruz.br/bitstream/handle/icict/17808/206.pdf?sequence=2&isAllowed=y. Acesso em: 30 jun. 2023.

19. BRASIL. Decreto n.º 16.272, de 20 de Dezembro de 1923. Approva o regulamento da assistencia e protecção aos menores abandonados e delinquentes. Disponível em: https://www2.camara.leg.br/legin/fed/decret/1920-1929/decreto-16272-20-dezembro-1923-517646-publicacaooriginal-1-pe.html. Acesso em: 30 jun. 2023.

20. BRASIL. Decreto n.º 17.943-A de 12 de outubro de 1927. Consolida as leis de assistencia e protecção a menores. Disponível em: https://www.planalto.gov.br/ccivil_03/decreto/1910-1929/d17943a.htm. Acesso em: 30 jun. 2023.

21. BRASIL. Decreto-Lei n.º 2.848, de 7 de dezembro de 1940. Código Penal. Disponível em: https://www.planalto.gov.br/ccivil_03/decreto-lei/del2848compilado.htm. Acesso em: 30 jun. 2023.

22. BRASIL. Lei n.º 6.697, de 10 de outubro de 1979. Institui o Código de Menores. Disponível em: https://www.planalto.gov.br/ccivil_03/leis/1970-1979/l6697.htm. Acesso em: 30 jun. 2023.

23. VIANNA, Guaraci de Campos. O Código de Mello Mattos e o Estatuto da Criança e do Adolescente. Conexões Revista da EMERJ, v. 10, Edição Especial. Rio de Janeiro, 2007. Disponível em: https://www.emerj.tjrj.jus.br/revistaemerj_online/edicoes/volume10_edicaoespecial/volume10_edicaoespecial.pdf. Acesso em: 30 jun. 2023.

24. ARQUIVO NACIONAL. Memória da Administração Pública Brasileira. José Cândido de Albuquerque Melo Matos. 07 jul. 2023. Disponível em: http://mapa.an.gov.br/index.php/ultimas-noticias/1129-jose-candido-de-albuquerque-melo-matos. Acesso em: 30 jun. 2023.

25. SPOSATO, Karyna Batista. Direito penal de adolescentes: elementos para uma teoria garantista. São Paulo: Saraiva, 2013. Disponível em: https://repositorio.ufba.br/bitstream/ri/15283/1/Tese%20-%20Karyna%20Batista%20Sposato.pdf. Acesso em: 30 jun. 2023.

26. Araujo Júnior, Gediel Claudino de Prática no Estatuto da Criança e do Adolescente / Gediel Claudino de Araujo Júnior. – 2. ed. rev., atual. e ampl. –– São Paulo: Atlas, 2017.

27. BRASIL. Constituição da República Federativa do Brasil de 1988. Disponível em: https://www.planalto.gov.br/ccivil_03/constituicao/constituicao.htm. Acesso em: 30 jun. 2023.

28. BRASIL. Lei n.º 8.069, de 13 de julho de 1990. Dispõe sobre o Estatuto da Criança e do Adolescente (ECA) e dá outras providências. Disponível em: https://www.planalto.gov.br/ccivil_03/leis/l8069.htm. Acesso em: 30 jun. 2023.

29. ROSSATO, Luciano Alves; LÉPORE, Paulo Eduardo; e SANCHES, Rogério Cunha. Estatuto da Criança e do Adolescente. Comentado Artigo por Artigo. São Paulo/SP, outubro 2017. Saraiva; 9ª edição.

30. BRASIL. Superior Tribunal de Justiça. Habeas Corpus n.º 155.514. São Paulo:1. Tratando-se de menor inimputável, não existe pretensão punitiva estatal propriamente, mas apenas pretensão educativa, que, na verdade, é dever não só do Estado, mas da família, da comunidade e da sociedade em geral, conforme disposto expressamente na legislação de regência (Lei 8.069/90, art. 4º) e na Constituição Federal (art. 227). 2. De fato, é nesse contexto que se deve enxergar o efeito primordial das medidas socioeducativas, mesmo que apresentem, eventualmente, características expiatórias (efeito secundário), pois o indiscutível e indispensável caráter pedagógico é que justifica a aplicação das aludidas medidas, da forma como previstas na legislação especial (Lei 8.069/90, arts. 112 a 125), que se destinam essencialmente à formação e reeducação do adolescente infrator, também considerado como pessoa em desenvolvimento (Lei 8.069/90, art. 6º), sujeito à proteção integral (Lei 8.069/90, art. 1º), por critério simplesmente etário (Lei 8.069/90, art. 2º, caput). [...] Rel.: Min. Arnaldo Esteves de Lima. J. em 15/06/2010. Disponível em: https://scon.stj.jus.br/SCON/pesquisar.jsp. Acesso em: 30 jun. 2023.

31. BRASIL. Supremo Tribunal Federal. Ação Direta de Inconstitucionalidade n.º 5.359. Santa Catarina [...] As medidas socioeducativas não têm por escopo punir, mas prevenir e educar. Permitir o porte de armas para os agentes de segurança socioeducativos significa, em princípio, reforçar a errônea ideia do caráter punitivo de rede de proteção e configura ofensa material à Constituição. [...]. Rel.: min. Edson Fachin, j. 1º-3-2021, P, DJE de 6-5-2021. Disponível em: https://jurisprudencia.stf.jus.br/pages/search/sjur445809/false. Acesso em: 30 jun. 2023.

32. BRASIL. Supremo Tribunal Federal. Recurso em Habeas Corpus n.º 104.144. Distrito Federal. [...] O ECA e a jurisprudência do STF consideram o ato infracional cometido mediante grave ameaça e violência a pessoa como sendo passível de aplicação da medida de internação. Na espécie, a fundamentação da decisão proferida pelo Juízo da Infância e da Juventude demonstra não ocorrer constrangimento ilegal, única hipótese que autorizaria a concessão da ordem, pois a internação imposta ao paciente, além de atender às garantias constitucionais da ampla defesa, do contraditório, do devido processo legal e da excepcionalidade, respeitou a condição peculiar de pessoa em desenvolvimento ao destacar a gravidade do ato infracional e os elementos de prova que justificaram a opção do magistrado pela medida extrema. [...]. Rel. min. Luiz Fux, j. 14-6-2011, 1ª T, DJE de 9-8-2011. Disponível em: https://jurisprudencia.stf.jus.br/pages/search/sjur195564/false. Acesso em: 30 jun. 2023.

33. BRASIL. Lei n.º 12.594, de 18 de janeiro de 2012. Institui o Sistema Nacional de Atendimento Socioeducativo (Sinase), regulamenta a execução das medidas

socioeducativas destinadas a adolescente que pratique ato infracional e dá outras providências. Disponível em: https://www.planalto.gov.br/ccivil_03/_Ato2011-2014/2012/Lei/L12594.htm. Acesso em: 30 jun. 2023.

34. BRASIL. Supremo Tribunal Federal. Habeas Corpus n.º 98.518. Rio de Janeiro. [...] O art. 120 da Lei 8.069/1990 garante a realização de atividades externas independentemente de autorização judicial. O Estado tem o dever de assegurar à criança e ao adolescente o direito à convivência familiar (art. 227, caput, da Constituição do Brasil). O objetivo maior da Lei 8.069/1990 é a proteção integral à criança e ao adolescente, aí compreendida a participação na vida familiar e comunitária. Restrições a essas garantias somente são possíveis em situações extremas, decretadas com cautela em decisões fundamentadas, o que no caso não se dá. Ordem parcialmente concedida para permitir ao paciente a realização de atividades externas e visitas à família sem a imposição de qualquer condição pelo juízo da Vara da Infância e Juventude. Rel.: min. Eros Grau, j. 25-5-2010, 2ª T, DJE de 18-6-2010. Disponível em: https://redir.stf.jus.br/paginadorpub/paginador.jsp?docTP=AC&docID=612371. Acesso em: 30 jun. 2023.

35. PENIDO, Egberto de Almeida; TERRA, Cilene Silvia; RODRIGUEZ, Maria Raimunda Vargas. Justiça Restaurativa: Uma experiência com adolescentes em conflito com a lei. Revista de Direito da Infância e da Juventude, v. 1/2013, p. 323, jan. 2013.

36. BRASIL. Conselho Nacional de Justiça. Res. n.º 213/2015. Dispõe sobre a apresentação de toda pessoa presa à autoridade judicial no prazo de 24 horas. Brasília, DJe/CNJ n° 1, de 08/01/2016, p. 2-13. Disponível em: https://atos.cnj.jus.br/atos/detalhar/2234. Acesso em: 30 jun. 2023.

37. BRASIL. Decreto-Lei n.º 3.689, de 3 de outubro de 1941. Código de Processo Penal. Disponível em: https://www.planalto.gov.br/ccivil_03/decreto-lei/del3689.htm. Acesso em: 30 jun. 2023.

38. BRASIL. Supremo Tribunal Federal. 2ª Turma. Habeas Corpus n.º 188.888. Minas Gerais. [...] A audiência de custódia (ou de apresentação) constitui direito público subjetivo, de caráter fundamental, assegurado por convenções internacionais de direitos humanos a que o Estado brasileiro aderiu, já incorporadas ao direito positivo interno (Convenção Americana de Direitos Humanos e Pacto Internacional sobre Direitos Civis e Políticos). Traduz prerrogativa não suprimível assegurada a qualquer pessoa. Sua imprescindibilidade tem o beneplácito do magistério jurisprudencial (ADPF 347 MC) e do ordenamento positivo doméstico (Lei n° 13.964/2019 e Resolução 213/2015 do CNJ). [...] Rel. Min. Celso de Mello, julgado em 6/10/2020 (Info 994). Disponível em: https://redir.stf.jus.br/paginadorpub/paginador.jsp?docTP=TP&docID=754666552. Acesso em: 30 jun. 2023.

39. BRASIL. Supremo Tribunal Federal. Tribunal Pleno. Reclamação n.º 29.303. [...] 7. A audiência de apresentação ou de custódia, seja qual for a modalidade de prisão, configura instrumento relevante para a pronta aferição de circunstâncias

pessoais do preso, as quais podem desbordar do fato tido como ilícito e produzir repercussão na imposição ou no modo de implementação da medida menos gravosa. 8. Reclamação julgada procedente, para determinar que se realize, no prazo de 24 horas, audiência de custódia em todas as modalidades prisionais, inclusive prisões temporárias, preventivas e definitivas. Relator(a): EDSON FACHIN, julgado em 06/03/2023, PROCESSO ELETRÔNICO DJe-s/n DIVULG 09-05-2023 PUBLIC 10-05-2023. Disponível em: https://jurisprudencia.stf.jus.br/pages/search/sjur478787/false. Acesso em: 30 jun. 2023.

40. BRASIL. Supremo Tribunal Federal. ADI 6298. EMENTA: AÇÕES DIRETAS DE INCONSTITUCIONALIDADE. DIREITO CONSTITUCIONAL. DIREITO PROCESSUAL PENAL. ADI'S 6298, 6299, 6300 E 6305. LEI 13.964, DE 24 DE DEZEMBRO DE 2019. AMPLA ALTERAÇÃO DE NORMAS DE NATUREZA PENAL, PROCESSUAL PENAL E DE EXECUÇÃO PENAL. IMPUGNAÇÃO ESPECÍFICA DE ARTIGOS PERTINENTES À ATUAÇÃO DO JUIZ E DO MINISTÉRIO PÚBLICO NO PROCEDIMENTO DE INVESTIGAÇÃO CRIMINAL. CRIAÇÃO DO "JUIZ DAS GARANTIAS". CRIAÇÃO DO "ACORDO DE NÃO-PERSECUÇÃO PENAL". INTRODUÇÃO E ALTERAÇÃO DE ARTIGOS NO CÓDIGO DE PROCESSO PENAL: ARTIGOS 3º-A AO 3º-F, 28, 28-A, 157, § 5º E 310, § 4º. AÇÕES JULGADAS PARCIALMENTE PROCEDENTES. 1. A jurisdição constitucional, como atividade típica deste Supremo Tribunal Fedcral, diferencia-se sobremaneira das funções legislativa e executiva, especialmente em relação ao seu escopo e aos seus limites institucionais. Ao contrário do Poder Legislativo e do Poder Executivo, não compete ao Supremo Tribunal Federal realizar um juízo eminentemente político do que é bom ou ruim, conveniente ou inconveniente, apropriado ou inapropriado. Ao revés, compete a este Tribunal afirmar o que é constitucional ou inconstitucional, invariavelmente sob a perspectiva da Carta da 1988. 2. A jurisdição constitucional, acionada por atores constitucionalmente legitimados, exige da Corte Suprema o escrutínio das normas impugnadas à luz da Lei Maior, equilibrando os postulados da autocontenção, diante do legítimo exercício das opções políticas pelos representantes eleitos, e da limitação constitucional ao exercício do poder político, regida pelos direitos fundamentais, pela separação e harmonia entre os poderes e pela distribuição das competências entre os diversos órgãos da União e dos Estados-membros. Como árbitro imparcial, cabe ao Supremo Tribunal Federal a função de guardião da Constituição, impedindo sua violação formal e material, observado o princípio da proporcionalidade. 3. Fixadas essas premissas, impende esclarecer que foram propostas as ADIs 6.298, 6.299, 6.300 e 6305, cujo objeto são dispositivos da Lei 13.964, de 24 de dezembro de 2019, nos quais se impuseram: (a) alteração do procedimento de arquivamento e processamento de inquéritos policiais; (b) regras de impedimento em decorrência do mero exercício da atividade jurisdicional; (c) vacatio legis de

30 dias para implementação, em todas as unidades judiciárias do país, das novas varas de garantias; (d) afastamento do controle judicial sobre o arquivamento de investigações pelo Ministério Público; (e) vedação absoluta ao emprego da tecnologia da videoconferência na audiência de custódia; (f) relaxamento automático da prisão se o inquérito não se concluir no prazo de 15 dias, prorrogável uma única vez; (g) proibição de qualquer contato, pelo juiz de instrução e julgamento, com os autos do inquérito que tramitou perante a Vara de Garantias; (h) imposição absoluta de prévia realização de audiência pública e oral para a prorrogação de medidas cautelares penais e a produção antecipada de provas urgentes; (i) criação de sistema de rodízio de magistrados em todas as unidades judiciárias de Vara Única; (j) possibilidade de designação, e não investidura, do Juiz das Garantias; (l) criação de regulamento para disciplinar o acesso à informação, pelos meios de comunicação, sobre a prisão de investigados. 4. Ao longo da tramitação dos feitos, foi convocada audiência pública, que contou com a participação de 67(sessenta e sete) expositores. As ações contaram ainda com a participação de dezenas de entidades na qualidade de amici curiae, habilitadas para fornecer subsídios à melhor decisão possível pela Corte. QUESTÃO PRELIMINAR. LEGITIMIDADE ATIVA. PERTINÊNCIA TEMÁTICA.   (a) A Presidência da República pugnou pelo não conhecimento das ações diretas de inconstitucionalidade, com espeque na ilegitimidade ativa das associações autoras e na ausência de pertinência temática das normas com os seus objetivos.   (b) Os precedentes desta Suprema Corte são pacíficos no sentido de reconhecer a legitimidade da AMB e da CONAMP, "tendo em conta o seu caráter nacional e a existência de pertinência temática entre suas finalidades institucionais e o objeto de impugnação, ainda que não se limite a interesse corporativo" (ADI 2831, Relator Min. Marco Aurélio, Redator p/ acórdão Min. Alexandre de Moraes, Tribunal Pleno, julgado em 03/05/2021). No mesmo diapasão, registro: ADI 1578, Relatora Min. Cármen Lúcia, Tribunal Pleno, julgado em 04/03/2009; ADPF 144, Relator Min. Celso de Mello, Tribunal Pleno, julgado em 06/08/2008; ADI 2874, Relator Min. Marco Aurélio, Tribunal Pleno, julgado em 28/08/2003; ADI 7073, Relator Min. André Mendonça, Tribunal Pleno, julgado em 26/09/2022.   (c) No que tange à pertinência temática, cuida-se de ações diretas de inconstitucionalidade que questionam a legitimidade de normas atinentes à organização e às atribuições da magistratura nacional e dos membros do Ministério Público com atuação em varas com competência, exclusiva ou não, para processar e julgar feitos de natureza penal.   (d) Por conseguinte, aplica-se a jurisprudência da Corte no sentido da "pertinência temática relativamente à legitimidade da Associação dos Magistrados Brasileiros - AMB, admitindo que sua atividade associativa nacional busca realizar o propósito de aperfeiçoar e defender o funcionamento do Poder Judiciário, não se limitando a matérias de interesse corporativo" (ADI 1.127-8). (ADI 1303 MC, Relator Min. Maurício Corrêa, Tribunal Pleno, julgado em 14/12/1995).   MÉRITO. ANÁLISE DA

CONSTITUCIONALIDADE FORMAL DA CRIAÇÃO, OBRIGATÓRIA, DAS VARAS DE GARANTIAS EM TODO O TERRITÓRIO NACIONAL, INDEPENDENTEMENTE DAS CONDIÇÕES FINANCEIRAS, ESTRUTURAIS E DE RECURSOS HUMANOS LOCAIS. IMPLEMENTAÇÃO IMEDIATA DETERMINADA PELO LEGISLADOR, COM VACATIO LEGIS DE 30 DIAS, DECORRIDOS DURANTE O RECESSO. REGRAS DE INSTALAÇÃO, FUNCIONAMENTO, IMPEDIMENTO, FISCALIZAÇÃO E COMPETÊNCIAS JUDICIÁRIAS. NECESSIDADE DE ADEQUAÇÃO DAS LEIS DE ORGANIZAÇÃO JUDICIÁRIA LOCAIS. CONCESSÃO DE NOVO PRAZO. (a) O juiz das garantias, embora formalmente concebido pela lei como norma processual geral, altera materialmente a divisão e a organização de serviços judiciários em nível tal que enseja completa reorganização da justiça criminal do país, de sorte que inafastável considerar que os artigos 3º-A ao 3º-F demandam compatibilização das diversas normas de organização judiciária locais. (b) O juízo das garantias e sua implementação causam impacto financeiro relevante ao Poder Judiciário, especialmente com as necessárias reestruturações e redistribuições de recursos humanos e materiais, bem como com o incremento dos sistemas processuais e das soluções de tecnologia da informação correlatas, a exigir a adaptação das diversas leis de organização judiciária das justiças federal e estaduais. (c) A criação obrigatória dos juízos de garantias, obrigando sua implementação em todas as unidades judiciárias do país, no prazo de 30 dias, analisada sob o ângulo da iniciativa legislativa privativa do Judiciário para dispor sobre normas de organização judiciária, bem como das competências legislativas das unidades federadas, previstas na Constituição, não incorreu em inconstitucionalidade formal. Ressalva do voto do Relator, que entendia aplicável, ao caso, a necessidade de adequação do novo instituto à natureza de norma-quadro, nos moldes adotados, pelo Congresso Nacional, para as Varas de Violência Doméstica (Lei 11.340/2006), restando vencido, no ponto da inconstitucionalidade formal. (d) Reconhecida a manifesta irrazoabilidade da vacatio legis de 30 dias para a implementação da medida em todo o território nacional, composto majoritariamente por localidades dotadas de varas únicas. Realidades locais absolutamente desconsideradas pelo texto normativo, conforme se verifica das manifestações de todos os 27 Tribunais de Justiça juntadas aos autos. (e) Todas as Cortes estaduais de justiça do país são uníssonas em afirmar que haverá elevação de custos e gastos anuais, ante a necessidade de criação de novas varas, de realização de concursos públicos para ingresso de magistrados e de servidores públicos. Afirmam que suas respectivas organizações judiciárias precisarão ser alteradas mediante lei estadual e que a elevação dos gastos com pessoal deverá ser previamente aprovada pelas Assembleias Legislativas. (f) De acordo com o Relatório "Justiça em números", publicado pelo Conselho Nacional de Justiça (CNJ) em 2022, há no Brasil, atualmente, mais de 7.500.000 (sete milhões e quinhentos mil) processos criminais em andamento (não-contabilizadas as execuções penais). Destes, em torno de 2.200.000 (dois milhões e duzentos mil) são casos novos.   (g) Se imediatamente aplicadas as regras atinentes aos juízes de garantias, seriam fatalmente paralisadas cerca de 5 milhões de ações penais, até que os diversos Estados se reorganizassem e propiciassem a separação da competência dos juízes criminais.   (h) Diante da potencial paralisação de todas as ações penais em curso no país e da inviabilização da prestação jurisdicional, deve ser concedido prazo de 12 meses, prorrogável por mais 12 meses, para que sejam adotadas as medidas legislativas e administrativas necessárias à adequação das diferentes leis de organização judiciária, à efetiva implantação e ao efetivo funcionamento do juiz das garantias em todo o país, tudo conforme as diretrizes do Conselho Nacional de Justiça e sob a supervisão dele.   (i) Consequentemente, ratificada a necessidade das medidas cautelares anteriormente concedidas, deve ser declarada a inconstitucionalidade parcial, por arrastamento, do art. 20 da Lei 13.964/2019, quanto à fixação do prazo de 30 dias para a instalação dos juízes das garantias.   DO ARTIGO 3º-A AO 3º-F. JUÍZES DAS GARANTIAS E NORMAS CORRELATAS.   I – ARTIGO 3º-A. ESTRUTURA ACUSATÓRIA DO CÓDIGO DE PROCESSO PENAL. DERIVAÇÃO DO TEXTO CONSTITUCIONAL BRASILEIRO. VEDAÇÃO, A PRIORI, À INICIATIVA DO JUIZ NA FASE DE INVESTIGAÇÃO E À SUBSTITUIÇÃO DA ATIVIDADE PROBATÓRIA DAS PARTES PELO JUIZ. COMPATIBILIZAÇÃO COM AS NORMAS QUE AUTORIZAM A AUTORIDADE JUDICIAL, PONTUALMENTE, A DIRIMIR EVENTUAL DÚVIDA REMANESCENTE. INTERPRETAÇÃO CONFORME A CONSTITUIÇÃO.   (a) O artigo 3º-A, incluído no Código de Processo Penal pela Lei 13.964, estabeleceu que "O processo penal terá estrutura acusatória, vedadas a iniciativa do juiz na fase de investigação e a substituição da atuação probatória do órgão de acusação".   (b) A estrutura acusatória do processo penal, prevista na primeira parte do dispositivo, apenas torna expresso, no texto do Código de Processo Penal, o princípio fundamental do processo penal brasileiro, extraído da sistemática constitucional, na esteira da doutrina e da jurisprudência pátrias.   (c) Deveras, na lição de Luigi Ferrajoli "A separação de juiz e acusação é o mais importante de todos os elementos constitutivos do modelo teórico acusatório, como pressuposto estrutural e lógico de todos os demais" (Derecho y Razón – Teoría del Garantismo Penal. 3ª ed., Madrid: Trotta, 1998. p. 567, tradução nossa).   (d) Esta Corte assentou a compreensão de que "O princípio fundante do sistema ora analisado, a toda evidência, é o princípio acusatório, norma decorrente do due process of law (art. 5º, LIV, CRFB) e prevista de forma marcante no art. 129, I, da CRFB, o qual exige que o processo penal seja marcado pela clara divisão entre as funções de acusar, defender e julgar, considerando-se o réu como sujeito, e não como objeto da persecução penal" (ADI 4414, Tribunal Pleno, Rel. Min. Luiz Fux, j. 31/05/2012).   (e) Deriva do princípio acusatório a vedação, a priori, à iniciativa do juiz na fase de investigação e a substituição da atuação probatória das partes. A posição do juiz no processo é regida pelos princípios da imparcialidade e da equidistância, porquanto "[...] A separação entre as funções de acusar defender e julgar é o signo essencial do sistema acusatório de processo penal (Art. 129, I, CRFB), tornando a atuação do Judiciário na fase pré-processual somente admissível com o propósito de proteger as garantias fundamentais dos investigados" (ADI 4414, Relator Min. Luiz Fux, Tribunal Pleno, julgado em 31/05/2012).   (f) A legítima vedação à substituição da atuação probatória do órgão de acusação significa que o juiz não pode, em hipótese alguma, tornar-se protagonista do processo. Simultaneamente, remanesce a possibilidade de o juiz, de ofício: (a) "determinar, no curso da instrução, ou antes de proferir sentença, a realização de diligências para dirimir dúvida sobre ponto relevante" (artigo 156, II); (b) determinar a oitiva de uma testemunha (artigo 209); (c) complementar a sua inquirição (artigo 212) e (d) "proferir sentença condenatória, ainda que o Ministério Público tenha opinado pela absolvição" (artigo 385).   (g) Diante da obrigatoriedade e da indisponibilidade que caracterizam a ação penal pública no direito processual penal brasileiro, as manifestações do Ministério Público submetem-se ao controle judicial, no âmbito do qual compete aos juízes competentes para o julgamento da ação penal impedir que, direta ou indiretamente, aqueles princípios sejam violados nos autos. Deveras, os institutos da desistência ou da perempção são aplicáveis exclusivamente às ações penais privadas.   (h) Como registrado em sede jurisprudencial, "A submissão do magistrado à manifestação final do Ministério Público, a pretexto de supostamente concretizar o princípio acusatório, implicaria, em verdade, subvertê-lo, transmutando o órgão acusador em julgador e solapando, além da independência funcional da magistratura, duas das basilares características da jurisdição: a indeclinabilidade e a indelegabilidade." (REsp n. 2.022.413/PA, relator Ministro Sebastião Reis Júnior, relator para acórdão Ministro Rogerio Schietti Cruz, Sexta Turma, julgado em 14/2/2023, DJe de 7/3/2023.)   (i) Nestes termos, o novo artigo 3º-A do Código de Processo Penal, na redação dada pela Lei 13.964/2019, deve ser interpretado de modo a vedar a substituição da atuação de qualquer das partes pelo juiz, sem impedir que o magistrado, pontualmente, nos limites legalmente autorizados, determine a realização de diligências voltadas a dirimir dúvida sobre ponto relevante.   II – ARTIGO 3º-B. CRIAÇÃO DOS JUÍZES DAS GARANTIAS. CONTROLE DA LEGALIDADE DA INVESTIGAÇÃO. FUNÇÕES TRADICIONAIS DOS JUÍZES NO INQUÉRITO. NECESSIDADE DE CONTROLE DE TODOS OS ATOS DO MINISTÉRIO PÚBLICO PELA AUTORIDADE JUDICIAL. DEVER DO ÓRGÃO MINISTERIAL DE SUBMETER A INSTAURAÇÃO E O ARQUIVAMENTO DE CADERNOS INVESTIGATÓRIOS DE QUALQUER NATUREZA (INQUÉRITOS, PIC'S E OUTROS) AO CONHECIMENTO E CONTROLE DO JUÍZO DAS GARANTIAS. OBRIGATORIEDADE DA REALIZAÇÃO DE AUDIÊNCIA PÚBLICA E ORAL ANTERIORMENTE À PRORROGAÇÃO DE

MEDIDAS CAUTELARES E À PRODUÇÃO ANTECIPADA DE PROVAS. SUBMISSÃO AO PRINCÍPIO DA PROPORCIONALIDADE. VEDAÇÃO ABSOLUTA AO EMPREGO DE VIDEOCONFERÊNCIA NAS AUDIÊNCIAS DE CUSTÓDIA. IRRAZOABILIDADE. COMPETÊNCIA DO JUIZ DAS GARANTIAS PARA O RECEBIMENTO DA DENÚNCIA. ERRO LEGÍSTICO. INCOMPATIBILIDADE COM A SISTEMÁTICA DO INSTITUTO. RELAXAMENTO AUTOMÁTICO DA PRISÃO AO FIM DO PRAZO PARA A CONCLUSÃO DO INQUÉRITO. INCONSTITUCIONALIDADE. INTERPRETAÇÃO CONFORME A CONSTITUIÇÃO DOS DISPOSITIVOS IMPUGNADOS.   (a) O artigo 3º-B, em seus 18 incisos, elencou as competências do juiz na fase do inquérito, correspondendo, em linhas gerais, à mera explicitação das funções já exercidas pelos juízes brasileiros no controle da legalidade da fase de investigação.   (b) Além das competências dos juízes de garantias, foram estabelecidas regras processuais e disciplinados atos processuais específicos, pertinentes à fiscalização dos atos de instauração e de arquivamento de inquérito pelo Ministério Público, à obrigatoriedade de realizar audiência pública e oral anteriormente à prorrogação de medidas cautelares e à produção antecipada de provas urgentes, competência para o recebimento da denúncia e vedação absoluta ao emprego da tecnologia de videoconferência nas audiências de custódia, sob pena de imediato relaxamento da prisão em flagrante, todas a demandar interpretação conforme a Constituição.   (c) Os incisos IV, VIII e IX tratam da competência do juiz das garantias para a fiscalização de investigações criminais: "IV - ser informado sobre a instauração de qualquer investigação criminal; [...] VIII - prorrogar o prazo de duração do inquérito, estando o investigado preso, em vista das razões apresentadas pela autoridade policial e observado o disposto no § 2º deste artigo; IX - determinar o trancamento do inquérito policial quando não houver fundamento razoável para sua instauração ou prosseguimento".   (d) Considerada a frequente instauração de investigações criminais, sob outros títulos que não o de inquérito, deve ser dada interpretação conforme à Constituição aos referidos incisos, de modo a determinar que que todos os atos praticados pelo Ministério Público como condutor de investigação penal se submetam ao controle judicial (HC 89.837/DF, Rel. Min. Celso de Mello) e fixar o prazo de até 90 (noventa) dias, contados da publicação da ata do julgamento, para os representantes do Ministério Público encaminharem, sob pena de nulidade, todos os PIC e outros procedimentos de investigação criminal, mesmo que tenham outra denominação, ao respectivo juiz natural, independentemente de o juiz das garantias já ter sido implementado na respectiva jurisdição.   (e) O artigo 3º-B, incisos VI e VII, estabelecem a obrigatoriedade da prévia realização de audiência pública e oral, para a prorrogação de medidas cautelares e a produção antecipada de provas urgentes e irrepetíveis, in verbis: "VI - prorrogar a prisão provisória ou outra medida cautelar, bem como substituí-las ou revogá-las, assegurado, no primeiro caso, o exercício do contraditório em audiência pública e oral, na forma do disposto neste Código ou em legislação especial pertinente; VII - decidir sobre o requerimento de produção antecipada de provas consideradas urgentes e não repetíveis, assegurados o contraditório e a ampla defesa em audiência pública e oral". (f) O disposto no inciso VI deve submeter-se à interpretação conforme a Constituição, para fins de prever que o exercício do contraditório será preferencialmente em audiência pública e oral. (g) A previsão de audiência pública e oral previamente à produção antecipada de provas consideradas urgentes, contida no inciso VII, o dispositivo deve ser interpretado à luz da Constituição, para estabelecer que o juiz pode deixar de realizar a audiência quando houver risco para o processo, ou diferi-la em caso de necessidade. (h) A competência do juiz das garantias, nos termos do inciso XIV do artigo 3º-B, estender-se-ia até a fase do artigo 399 do Código Penal. O texto do dispositivo prevê competir-lhe "decidir sobre o recebimento da denúncia ou queixa, nos termos do art. 399 deste Código". Nada obstante, constata-se manifesto erro legístico, porquanto o artigo 399 do Código de Processo Penal estabelece que "Recebida a denúncia ou queixa, o juiz designará dia e hora para a audiência, ordenando a intimação do acusado, de seu defensor, do Ministério Público e, se for o caso, do querelante e do assistente". Trata-se, portanto, de ato de designação da audiência de instrução e julgamento, típica função do juiz da instrução da ação penal. (i) Reconhecido o erro legístico e submetido o inciso XIV à interpretação sistemática, considerada a principiologia inspiradora do instituto do juiz das garantias, a Corte conferiu-lhe interpretação conforme a Constituição, para assentar que a competência do juiz das garantias cessa com o oferecimento da denúncia. (j) O artigo 3º-B, § 1º, do Código de Processo Penal previu vedação absoluta ao emprego de videoconferência nas audiências de custódia, nos seguintes termos: "O preso em flagrante ou por força de mandado de prisão provisória será encaminhado à presença do juiz de garantias no prazo de 24 (vinte e quatro) horas, momento em que se realizará audiência com a presença do Ministério Público e da Defensoria Pública ou de advogado constituído, vedado o emprego de videoconferência". (l) O dispositivo revela manifesta violação ao princípio da proporcionalidade, diante da vedação ex ante sem considerações de ordem concreta que possam impedir a realização da audiência presencial no exíguo prazo legal. (m) Consectariamente, promove-se interpretação conforme a Constituição do § 1º do art. 3º-B do CPP, incluído pela Lei nº 13.964/2019, para estabelecer que o preso em flagrante ou por força de mandado de prisão provisória será encaminhado à presença do juiz das garantias, no prazo de 24 horas, salvo impossibilidade fática, momento em que se realizará a audiência com a presença do ministério pública e da defensoria pública ou de advogado constituído, cabendo, excepcionalmente, o emprego de videoconferência, mediante decisão da autoridade judiciária competente, desde que este meio seja apto à verificação da integridade do preso e à garantia de todos os seus direitos. (n) O relaxamento automático da prisão cautelar ao fim do prazo legal para a conclusão das investigações, imposto pelo artigo 3º-B, § 2º, revela-se absolutamente desproporcional e em dissonância com a inafastabilidade da jurisdição. A jurisprudência desta Corte tradicionalmente submete ao princípio da razoabilidade todos os dispositivos de lei que estabelecem prazos peremptórios de duração de medidas cautelares processuais.   (o) Com efeito, o primado da realidade exige que se considerem razões concretas e imperiosas, fundadas na complexidade do caso e na periculosidade dos envolvidos, a demandar a prorrogação excepcional das investigações e a manutenção da custódia prisional, devidamente fundamentada pela autoridade judiciária competente.   (p) Nestes termos, é necessária a interpretação conforme a Constituição, para atribuir interpretação conforme ao § 2º do art. 3º-B, para assentar que: a) o juiz pode decidir de forma fundamentada, reconhecendo a necessidade de novas prorrogações do inquérito, diante de elementos concretos e da complexidade da investigação; e b) a inobservância do prazo previsto em lei não implica a revogação automática da prisão preventiva, devendo o juízo competente ser instado a avaliar os motivos que a ensejaram, nos termos da ADI nº 6.581.   III – ARTIGO 3º-C. MATÉRIAS SUBMETIDAS À NOVA SISTEMÁTICA DO JUÍZO DAS GARANTIAS. NECESSIDADE DE INTERPRETAÇÃO CONFORME A CONSTITUIÇÃO, PARA EXCLUSÃO DOS PROCEDIMENTOS ESPECIAIS INCOMPATÍVEIS COM O MODELO. MARCO FINAL DA COMPETÊNCIA DO JUIZ DAS GARANTIAS: OFERECIMENTO DA DENÚNCIA. AUTOS DO INQUÉRITO. PROIBIÇÃO DE REMESSA AO JUIZ DA INSTRUÇÃO. IRRAZOABILIDADE. INTERPRETAÇÃO CONFORME A CONSTITUIÇÃO DOS DISPOSITIVOS IMPUGNADOS.   (a) O artigo 3º-C, caput, do Código de Processo Penal, incluído pela Lei 13.964/2019, delimitou a extensão da competência do juiz das garantias, nos seguintes termos: "A competência do juiz das garantias abrange todas as infrações penais, exceto as de menor potencial ofensivo, e cessa com o recebimento da denúncia ou queixa na forma do art. 399 deste Código".   (b) As razões anteriormente expendidas revelam que o texto impugnado incorreu em erro legístico, do qual deriva a necessidade de restrição da competência para que cesse com o oferecimento da denúncia.   (c) Ademais, além das infrações penais de menor potencial ofensivo, de competência dos juizados especiais, a nova sistemática do juiz das garantias não se compatibiliza com o procedimento especial previsto na Lei 8.038/1990 [...]. Relator: Ministro LUIZ FUX, Decisão Monocrática. Brasília, 22 de janeiro de 2020. Disponível em: https://jurisprudencia.stf.jus.br/pages/search?classeNumeroIncidente=%22ADI %206298%22&base=acordaos&sinonimo=true&plural=true&page=1&pageSize= 10&sort=_score&sortBy=desc&isAdvanced=true. Acesso em: 06 mar. 2024.

41. BRASIL. Superior Tribunal de Justiça. 6.ª Turma. AgRg no HC 99.499/PI: [...]1. Segundo a jurisprudência desta Corte, a internação provisória do menor não pode extrapolar o prazo de quarenta e cinco dias estabelecido pelo artigo 108 do Estatuto da Criança e do Adolescente". [...]. Rel.: Og Fernandes, DJ 02.12.2008. Disponível em: https://processo.stj.jus.br/processo/revista/documento/mediado/?

componente=ATC&sequencial=4481409&num_registro=200800196127&data=20
081219&tipo=51&formato=PDF. Acesso em: 30 jun. 2023.

42. BRASIL. Superior Tribunal de Justiça. Sexta Turma. HC n. 193.614/RJ. [...] 1. A representação do Ministério Público não é pressuposto para a expedição de busca e apreensão de menor, o decreto de internação provisória pode acontecer antes desse ato. 2. A decisão que decreta a internação antes da sentença deve demonstrar não só os indícios suficientes de autoria e a materialidade da infração, mas também as razões da inevitável medida extrema e emergencial. [...]. Relator: Ministro Sebastião Reis Júnior, julgado em 6/10/2011, DJe de 9/11/2011. Disponível em: https://www.stj.jus.br/websecstj/cgi/revista/REJ.cgi/ATC?
seq=16786226&tipo=51&nreg=201100004491&SeqCgrmaSessao=&CodOrgaoJg
dr=&dt=20111109&formato=PDF&salvar=false. Acesso em: 30 jun. 2023.

43. FONAJUV. Enunciado 02: Excepcionalmente, é possível a decretação da internação provisória pré-processual a requerimento da autoridade policial ou do Ministério Público, respeitado o prazo máximo de 45 dias para conclusão do processo. Disponível em: http://www.tjes.jus.br/wp-content/uploads/Enunciados-do-FONAJUV.pdf. Acesso em: 30 jun. 2023.

44. BRASIL. Supremo Tribunal Federal. Tribunal Pleno. Recurso Extraordinário n.º 229.382/SP. [...] Embora sem respeitar o disposto no art. 97 da Constituição, o acórdão recorrido deu expressamente pela inconstitucionalidade parcial do art. 127 do ECA, que autoriza a acumulação da remissão com a aplicação de medida socioeducativa. Constitucionalidade dessa norma, porquanto, em face das características especiais do sistema de proteção ao adolescente implantado pela Lei 8.069/1990, que mesmo no procedimento judicial para a apuração do ato infracional, como o próprio aresto recorrido reconhece, não se tem em vista a imposição de pena criminal ao adolescente infrator, mas a aplicação de medida de caráter sociopedagógico para fins de orientação e de reeducação, sendo que, em se tratando de remissão com aplicação de uma dessas medidas, ela se despe de qualquer característica de pena, porque não exige o reconhecimento ou a comprovação da responsabilidade, não prevalece para efeito de antecedentes, e não se admite a de medida dessa natureza que implique privação parcial ou total da liberdade, razão por que pode o juiz, no curso do procedimento judicial, aplicá-la, para suspendê-lo ou extingui-lo (art. 188 do ECA), em qualquer momento antes da sentença, e, portanto, antes de ter necessariamente por comprovadas a apuração da autoria e a materialidade do ato infracional.[...]. Rel. min. Moreira Alves, j. 26-6-2002, P, DJ de 31-10-2002. Disponível em: https://redir.stf.jus.br/paginadorpub/paginador.jsp?docTP=AC&docID=252970. Acesso em: 30 jun. 2023.

45. BRASIL. Supremo Tribunal Federal. Segunda Turma. RE 248.018/SP. [...] O acórdão recorrido declarou a inconstitucionalidade do art. 127, in fine, da Lei 8.069/1990 (ECA), por entender que não é possível cumular a remissão concedida pelo Ministério Público, antes de iniciado o procedimento judicial para apuração de ato infracional, com a aplicação de medida socioeducativa. A medida socioeducativa foi imposta pela autoridade judicial, logo não fere o devido processo legal. A medida de advertência tem caráter pedagógico, de orientação ao menor e em tudo se harmoniza com o escopo que inspirou o sistema instituído

pelo ECA. A remissão pré-processual concedida pelo Ministério Público, antes mesmo de se iniciar o procedimento no qual seria apurada a responsabilidade, não é incompatível com a imposição de medida socioeducativa de advertência, porquanto não possui este caráter de penalidade. Ademais, a imposição de tal medida não prevalece para fins de antecedentes e não pressupõe a apuração de responsabilidade. [...] Rel. min. Joaquim Barbosa, j. 6-5-2008, 2ª T, DJE de 20-6-2008.] Disponível em: https://redir.stf.jus.br/paginadorpub/paginador.jsp?docTP=AC&docID=535053. Acesso em: 30 jun. 2023.

46. BRASIL. Supremo Tribunal Federal. Segunda Turma. RE 201.819/RJ. [...] Sociedade civil sem fins lucrativos. Entidade que integra espaço público, ainda que não estatal. Atividade de caráter público. Exclusão de sócio sem garantia do devido processo legal. Aplicação direta dos direitos fundamentais à ampla defesa e ao contraditório. [...]. Rel.: Min. Gilmar Mendes, j. 11-10-2005, 2ª T, DJ de 27-10-2006. Disponível em: https://redir.stf.jus.br/paginadorpub/paginador.jsp?docTP=AC&docID=388784. Acesso em: 30 jun. 2023.

47. MORAES, Alexandre de. Direito constitucional / Alexandre de Moraes. – 33. ed. rev. e atual. até a EC nº 95, de 15 de dezembro de 2016 – São Paulo: Atlas, 2017.

48. SILVA, Bruno Izaías. Leviatã. Infoescola, 2008. [...] O nome da obra, Leviatã, faz referência ao monstro bíblico, também referido por outras culturas, que é representado de várias formas ao longo do tempo e que seria uma das criaturas mais temíveis e poderosas do mundo. [...] Cumpre lembrar que a referência ao Leviatã bíblico, monstro retratado como sendo de proporções homéricas e poderes gigantescos se encaixa muito bem como metáfora do poder absoluto dos reis do início da Idade Moderna e da Monarquia como regime de governo que tudo controla e em todos os campos atua. O livro em si é uma análise apurada do momento político inglês, principalmente do governo de Oliver Cromwell, que assumiu o poder na Inglaterra após graves crises e conflitos e o exerceu com mãos de ferro, dando a Hobbes uma clara noção de seu Leviatã. Disponível em: https://www.infoescola.com/filosofia/leviata/. Acesso em: 30 jun. 2023.

49. BRASIL. Supremo Tribunal Federal. Tribunal Pleno. HC 70.514/RS. [...] 1. Não é de ser reconhecida a inconstitucionalidade do § 5º do artigo 5º da Lei 1.060, de 05.02.1950, acrescentado pela Lei 7.871, de 08.11.1989, no ponto em que confere prazo em dobro, para recurso, às Defensorias Públicas, ao menos até que sua organização, nos Estados, alcance o nível de organização do respectivo Ministério Público, que é a parte adversa, como órgão de acusação, no processo da ação penal pública. [...] Relator Min. SYDNEY SANCHES, decisão: 22-03-1994. Disponível em: https://redir.stf.jus.br/paginadorpub/paginador.jsp?docTP=AC&docID=72491. Acesso em: 30 jun. 2023.

50. NOVELLI, Rodrigo Fernando. Revista Jurídica UNIGRAN. Dourados, MS | v. 16 | n. 31 | Jan./Jun. 2014. Assim, o Garantismo Penal é a segurança dos cidadãos que, em um Estado democrático de direito, onde o poder obrigatoriamente deriva do ordenamento jurídico, principalmente da Constituição, atua como um mecanismo para minimizar o poder punitivo e garantir, ao máximo, a liberdade dos cidadãos. Disponível em: https://www.unigran.br/dourados/revista_juridica/ed_anteriores/31/artigos/artigo06.pdf. Acesso em: 30 jun. 2023.

51. LOPES, Bruno Matias. A insuficiência da hermenêutica jurídica clássica. DIREITO PÚBLICO: REVISTA JURÍDICA DA ADVOCACIA-GERAL DO

ESTADO DE MINAS GERAIS, n. 1/2, Jan./Dez. 2012. [...] é com o próprio Savigny que tem início a hermenêutica jurídica clássica, metodológica e científica, voltada para o Direito privado e para as normas com estrutura de regra. Disponível em: https://advocaciageral.mg.gov.br/wp-content/uploads/2020/08/2012-revista-age.pdf#page=31. Acesso em: 30 jun. 2023.

52. ACUNHA, Fernando José Gonçalves. Colisão de normas. Distinção entre ponderação e juízo de adequação. Revista de Informação Legislativa. Brasília/DF. Ano 51. Número 203. jul./set. 2014. A colisão de princípios, por sua vez, permite que se fuja à lógica da invalidade, sendo resolvida pela aplicação da lei de colisão, na qual se determina que princípio ganha maior peso na relação de precedência condicionada e que, por conseguinte, deve regular o fato (ALEXY, 2008, p. 95). A partir do princípio de maior peso (ou precedente), extrai-se, por uma operação lógico-hermenêutica, uma regra que vai decidir a situação. Disponível em: https://www12.senado.leg.br/ril/edicoes/51/203/ril_v51_n203_p165.pdf. Acesso em: 30 jun. 2023.

53. BRASIL. Supremo Tribunal Federal. Tribunal Pleno. HC 127.900/AM [...] 7. Ordem denegada, com a fixação da seguinte orientação: a norma inscrita no art. 400 do Código de Processo Penal comum aplica-se, a partir da publicação da ata do presente julgamento, aos processos penais militares, aos processos penais eleitorais **e a todos os procedimentos penais regidos por legislação especial incidindo somente naquelas ações penais cuja instrução não se tenha encerrado.** [...] Relator(a): DIAS TOFFOLI, julgado em 03/03/2016, PROCESSO ELETRÔNICO DJe-161 DIVULG 02-08-2016 PUBLIC 03-08-2016 RTJ VOL-00237-01 PP-00137. Disponível em: https://redir.stf.jus.br/paginadorpub/paginador.jsp?docTP=TP&docID=11451173. Acesso em: 30 jun. 2023.

54. BRASIL. Superior Tribunal de Justiça. Terceira Seção. HC n. 769.197/RJ. [...] 8. Assim, propõe-se o aperfeiçoamento da recente jurisprudência desta Corte, para fixação das seguintes orientações: a) em consonância com o art. 184 do ECA, oferecida a representação, a autoridade judiciária designará audiência de apresentação do adolescente, e decidirá, desde logo, sobre a decretação ou manutenção da internação provisória e sobre a remissão, que pode ser concedida a qualquer tempo antes da sentença; b) é vedada a atividade probatória na audiência de apresentação, e eventual colheita de confissão nessa oportunidade não poderá, de per se, lastrear a procedência da representação; c) diante da lacuna na Lei n. 8.069/1990, aplica-se de forma supletiva o art. 400 do CPP ao procedimento especial de apuração do ato infracional, garantido ao adolescente o interrogatório ao final da instrução, perante o Juiz competente, depois de ter ciência do acervo probatório produzido em seu desfavor; d) o novo entendimento é aplicável aos processos com instrução encerrada após 3/3/2016, conforme julgado proferido pelo Supremo Tribunal Federal no HC n. 127.900/AM, Rel. Ministro Dias Toffoli, Tribunal Pleno) regra geral, para acolhimento da tese de nulidade, faz-se necessário que a defesa a aponte em momento processual oportuno, quando o prejuízo à parte é identificável por mero raciocínio jurídico, por inobservância do direito à autodefesa. [...] Relator: Ministro Rogerio Schietti Cruz, julgado em 14/6/2023, DJe de 21/6/2023. Disponível em: https://scon.stj.jus.br/SCON/GetInteiroTeorDoAcordao?num_registro=202202824016&dt_publicacao=21/06/2023. Acesso em: 30 jun. 2023.

55. BRASIL. Conselho Nacional de Justiça. Manual Recomendação nº 87.

Atendimento inicial e integrado a adolescente a quem se atribua a prática de ato infracional. Brasília/DF, 2022. Disponível em: https://www.cnj.jus.br/wp-content/uploads/2022/06/manual-recomendacao-87-2021-1.pdf. Acesso em: 30 jun. 2023.

56. BRASIL. Supremo Tribunal Federal. Tribunal Pleno. ADPF 444/DF. [...] 10. Arguição julgada procedente, para declarar a incompatibilidade com a Constituição Federal da condução coercitiva de investigados ou de réus para interrogatório, tendo em vista que o imputado não é legalmente obrigado a participar do ato, e pronunciar a não recepção da expressão "para o interrogatório", constante do art. 260 do CPP. Relator(a): GILMAR MENDES, julgado em 14/06/2018, PROCESSO ELETRÔNICO DJe-107 DIVULG 21-05-2019   PUBLIC   22-05-2019.   Disponível   em: https://redir.stf.jus.br/paginadorpub/paginador.jsp?docTP=TP&docID=749900186. Acesso em: 30 jun. 2023.

57. BRASIL. Lei n.º 13.869, de 5 de setembro de 2019. Dispõe sobre os crimes de abuso de autoridade e dá outras providências. Disponível em: https://www.planalto.gov.br/ccivil_03/_ato2019-2022/2019/lei/l13869.htm. Acesso em: 23 jun. 2023.

58. BRASIL. Superior Tribunal de Justiça. Quinta Turma. HC n. 50.716/SP. [...] A decisão que decreta a internação antes da sentença deve ser fundamentada não só nos indícios suficientes de autoria e materialidade, devendo, também, ser demonstrada a necessidade imperiosa da medida. Se a decretação da segregação cautelar do jovem foi fundamentada na natureza grave da infração por ele praticada e na necessidade de se resguardar o infrator e de manter a ordem pública, resta evidenciado o constrangimento ilegal, por se tratar de motivação genérica, além de não ter sido demonstrada a necessidade imperiosa da medida, conforme exigido pelo Estatuto da Criança e do Adolescente. A alusão à gravidade do fato praticado não se presta para fundamentar a medida de internação, até mesmo por sua excepcionalidade, restando caracterizada a afronta aos objetivos do sistema. [...] Relator Ministro Gilson Dipp, julgado em 12/6/2006, DJ de 1/8/2006, p. 477. Disponível em: https://processo.stj.jus.br/processo/revista/documento/mediado/?componente=ATC&sequencial=2458544&num_registro=200502009143&data=20060801&tipo=51&formato=PDF. Acesso em: 30 jun. 2023.

59. Lopes Jr., Aury. Prisões cautelares / Aury Lopes Jr. – 5. ed. rev., atual. e ampl. – São Paulo: Saraiva, 2017. 1. Direito penal 2. Prisão (Direito penal) - Brasil 3. Prisão preventiva - Brasil 4. Medidas cautelares - Brasil..

60. BRASIL. Superior Tribunal de Justiça. HC 497.006/MS [...] "2. As prisões cautelares materializam-se como exceção às regras constitucionais e, como tal, sua incidência em cada caso concreto deve vir fulcrada em elementos que demonstrem a sua efetiva necessidade no contexto fático-probatório apreciado, sendo inadmissível sem a existência de razão sólida e individualizada a motivá-la, especialmente com a edição e entrada em vigor da Lei n. 12.403/2011. 4. No caso, da leitura das decisões que ordenaram e mantiveram a segregação cautelar do paciente, constata-se que não foi apresentado qualquer fundamento idôneo para tanto, limitando-se o Juiz singular a fazer referência à gravidade em abstrato do delito que lhe foi imputado, ao clamor público e à credibilidade da justiça, o que, por si só, não justifica a segregação antecipada." [...] Relator: Min. Jorge Mussi , j.

07/05/2019. Disponível em: https://scon.stj.jus.br/SCON/GetInteiroTeorDoAcordao? num_registro=201900642102&dt_publicacao=14/05/2019. Acesso em: 30 jun. 2023.

61. BRASIL. Superior Tribunal de Justiça. AgRg no HC 507.725/TO. [...] "3. A privação antecipada da liberdade do cidadão acusado de crime reveste-se de caráter excepcional em nosso ordenamento jurídico (art. 5º, LXI, LXV e LXVI, da CF). Assim, a medida, embora possível, deve estar embasada em decisão judicial fundamentada (art. 93, IX, da CF), que demonstre a existência da prova da materialidade do crime e a presença de indícios suficientes da autoria, bem como a ocorrência de um ou mais pressupostos do artigo 312 do Código de Processo Penal. Exige-se, ainda, na linha perfilhada pela jurisprudência dominante deste Superior Tribunal de Justiça e do Supremo Tribunal Federal, que a decisão esteja pautada em motivação concreta, sendo vedadas considerações abstratas sobre a gravidade do crime. 4. No caso, destacou-se a repercussão social e a maneira pela qual foi realizado o crime, uma vez que ao paciente é imputada conduta de exacerbada culpabilidade, a indicar sua periculosidade e justificar a prisão como forma de garantia da ordem pública. De fato, ao examinar a conduta apontada como fundamento para indeferir-se o direito de recorrer em liberdade, o magistrado singular destacou que "há, pois, elevado grau de culpabilidade, em razão da quantidade de droga transportada pelo acusado, eis que fora apreendido 20kg (vinte) quilos de substância entorpecente crack – separadas em tabletes de 01 kg (um) quilo cada". Ressalte-se que, em razão da natureza altamente destrutiva e extremamente concentrada da droga, a quantidade, por si só expressiva, revela-se enorme, evidenciando a necessidade da prisão." Relator: Min. Reynaldo Soares da Fonseca,, j. 04/06/2019. Disponível em: https://scon.stj.jus.br/SCON/GetInteiroTeorDoAcordao? num_registro=201901238901&dt_publicacao=14/06/2019. Acesso em: 30 jun. 2023.

62. BRASIL. Supremo Tribunal Federal. Segunda Turma. HC 95.290/SP. [...] O estado de comoção social e de eventual indignação popular, motivado pela repercussão da prática da infração penal, não pode justificar, só por si, a decretação da prisão cautelar do suposto autor do comportamento delituoso, sob pena de completa e grave aniquilação do postulado fundamental da liberdade. - O clamor público - precisamente por não constituir causa legal de justificação da prisão processual (CPP, art. 312) - não se qualifica como fator de legitimação da privação cautelar da liberdade do indiciado ou do réu. [...]. Ninguém, absolutamente ninguém, pode ser tratado como culpado, qualquer que seja o ilícito penal cuja prática lhe tenha sido atribuída, sem que exista, a esse respeito, decisão judicial condenatória transitada em julgado. O princípio constitucional do estado de inocência, tal como delineado em nosso sistema jurídico, consagra uma regra de tratamento que impede o Poder Público de agir e de se comportar, em relação

ao suspeito, ao indiciado, ao denunciado ou ao réu, como se estes já houvessem sido condenados, definitivamente, por sentença do Poder Judiciário.[...] Relator(a): CELSO DE MELLO, julgado em 01/03/2011, ACÓRDÃO ELETRÔNICO DJe-150 DIVULG 31-07-2012 PUBLIC 01-08-2012. Disponível em: https://redir.stf.jus.br/paginadorpub/paginador.jsp?docTP=TP&docID=2455191. Acesso em: 30 jun. 2023.

63. BRASIL. Supremo Tribunal Federal. 1ª Turma. HC 213.745/PR. [...] A justa causa é exigência legal para o recebimento da denúncia, instauração e processamento da ação penal, nos termos do artigo 395, III, do Código de Processo Penal, e consubstancia-se pela somatória de três componentes essenciais: (a) TIPICIDADE (adequação de uma conduta fática a um tipo penal); (b) PUNIBILIDADE (além de típica, a conduta precisa ser punível, ou seja, não existir quaisquer das causas extintivas da punibilidade); e (c) VIABILIDADE (existência de fundados indícios de autoria). STF. 1ª Turma. HC 129.678/SP, Rel. Min. Marco Aurélio, Rel. p/ acórdão Min. Alexandre de Moraes, julgado em 13/06/2017 (Info 869). Rel. Min. Alexandre de Moraes, julgado em 09/05/2022. Disponível em: https://redir.stf.jus.br/paginadorpub/paginador.jsp?docTP=TP&docID=760699864. Acesso em: 30 jun. 2023.

64. BRASIL. Superior Tribunal de Justiça. Quinta Turma. AREsp n. 2.290.314/SE. [...] 1. A falta de justa causa para o exercício da ação penal decorre da ausência de elementos probatórios mínimos que respaldem a acusação, como é o caso do testemunho indireto (por ouvir dizer). 2. A análise dos elementos circunstanciais e acidentais presentes nos autos revela a inexistência de indícios mínimos de autoria dos delitos imputados ao acusado. 3. O depoimento testemunhal indireto, por si só, não possui a capacidade necessária para sustentar uma acusação consistente, sendo imprescindível a presença de outros elementos probatórios substanciais. 4. A rejeição da denúncia é medida adequada diante da insuficiência de elementos probatórios que vinculem o acusado aos fatos alegados, em conformidade com o princípio constitucional da presunção de inocência. [...]. Relator: Ministro Ribeiro Dantas, julgado em 23/5/2023, DJe de 26/5/2023. Disponível em: https://scon.stj.jus.br/SCON/GetInteiroTeorDoAcordao?num_registro=202300339432&dt_publicacao=26/05/2023. Acesso em: 30 jun. 2023.

BRASIL. Superior Tribunal de Justiça. 3ª Seção. HC 346380/SP. [...] É possível que o adolescente infrator inicie o imediato cumprimento da medida socioeducativa de internação que lhe foi imposta na sentença, mesmo que ele tenha interposto recurso de apelação e esteja aguardando seu julgamento. Esse imediato cumprimento da medida é cabível ainda que durante todo o processo não tenha sido imposta internação provisória ao adolescente, ou seja, mesmo que ele tenha permanecido em liberdade durante a tramitação da ação socioeducativa. Em uma linguagem mais simples, o adolescente infrator, em regra, não tem direito de aguardar em liberdade o julgamento da apelação interposta contra a sentença que lhe impôs a medida de internação. [...]. Rel. Min. Maria Thereza de Assis Moura,

Rel. para acórdão Min. Rogerio Schietti Cruz, julgado em 13/4/2016 (Info 583). Disponível em: https://processo.stj.jus.br/processo/revista/documento/mediado/?componente=ATC&sequencial=69149058&num_registro=201503260990&data=20170515&tipo=91&formato=PDF. Acesso em: 30 jun. 2023.

65. SARAIVA, João Batista Costa. Compêndio de Direito Penal Juvenil: adolescente e ato infracional. Porto Alegre: Livraria do Advogado Editora, 2010, p.30. Disponível em: https://repositorio.ufba.br/bitstream/ri/15283/1/Tese%20-%20Karyna%20Batista%20Sposato.pdf. Acesso em: 30 jun. 2023.

66. DE OLIVEIRA MAZZUOLI, Valerio. Teoria geral do controle de convencionalidade no direito brasileiro. Revista direito e justiça: reflexões sociojurídicas, v. 9, n. 12, p. 235-276, 2009. Disponível em: https://core.ac.uk/download/pdf/322641459.pdf. Acesso em: 30 jun. 2023.

67. BRASIL. Superior Tribunal de Justiça. Quinta Turma. AgRg no RHC 136961 / RJ. "(...) 7. As autoridades públicas, judiciárias inclusive, devem exercer o controle de convencionalidade, observando os efeitos das disposições do diploma internacional e adequando sua estrutura interna para garantir o cumprimento total de suas obrigações frente à comunidade internacional, uma vez que os países signatários são guardiões da tutela dos direitos humanos, devendo empregar a interpretação mais favorável ao ser humano. Aliás, essa particular forma de parametrar a interpretação das normas jurídicas (internas ou internacionais) é a que mais se aproxima da Constituição Federal, que faz da cidadania e da dignidade da pessoa humana dois de seus fundamentos, bem como tem por objetivos fundamentais erradicar a marginalização e construir uma sociedade livre, justa e solidária (incisos I, II e III do art. 3º). Tudo na perspectiva da construção do tipo ideal de sociedade que o preâmbulo da respectiva Carta Magna caracteriza como "fraterna" (HC n. 94163, Relator Min. CARLOS BRITTO, Primeira Turma do STF, julgado em 2/12/2008, DJe-200 DIVULG 22/10/2009 PUBLIC 23/10/2009 EMENT VOL-02379-04 PP-00851). (...) 8. Os juízes nacionais devem agir como juízes interamericanos e estabelecer o diálogo entre o direito interno e o direito internacional dos direitos humanos, até mesmo para diminuir violações e abreviar as demandas internacionais. É com tal espírito hermenêutico que se dessume que, na hipótese, a melhor interpretação a ser dada, é pela aplicação a Resolução da Corte Interamericana de Direitos Humanos, de 22 de novembro de 2018 a todo o período em que o recorrente cumpriu pena no IPPSC.". (...). Relator: Ministro Reynaldo Soares da Fonseca, julgado em 15/6/2021, DJe de 21/6/2021. Disponível em:https://scon.stj.jus.br/SCON/pesquisar.jsp?i=1&b=ACOR&livre=((%27AGRRHC%27.clas.+e+@num=%27136961%27)+ou+(%27AgRg%20no%20RHC%27+adj+%27136961%27).suce.)&thesaurus=JURIDICO&fr=veja. Acesso em: 30 jun. 2023.

68. BRASIL. Lei n.º 13.105, de 16 de março de 2015. Código de Processo Civil. Disponível em:

https://www.planalto.gov.br/ccivil_03/_ato2015-2018/2015/lei/l13105.htm.
Acesso em: 30 jun. 2023.

ISBN: 978-65-00-96503-2
CBL
9 786500 965032

9 786500 965032